高等院校经济管理类专业应用型系列教材

# 新文科背景下经管类 专业课程思政教学案例

Case Study of Curriculum Ideology and Politics in Economics and Management under the Background of New Liberal Arts

宿伟玲　赵　爽　主　编

中国财经出版传媒集团

经济科学出版社
Economic Science Press

·北京·

图书在版编目（CIP）数据

新文科背景下经管类专业课程思政教学案例／宿伟玲，赵爽主编 . — 北京：经济科学出版社，2025.2.
（高等院校经济管理类专业应用型系列教材）. — ISBN 978 - 7 - 5218 - 6117 - 4

Ⅰ. G641

中国国家版本馆 CIP 数据核字第 2024G1Z857 号

责任编辑：杜　鹏　胡真子
责任校对：齐　杰
责任印制：邱　天

**新文科背景下经管类专业课程思政教学案例**

XINWENKE BEIJINGXIA JINGGUANLEI ZHUANYE KECHENG

SIZHENG JIAOXUE ANLI

宿伟玲　赵　爽　主编

经济科学出版社出版、发行　新华书店经销

社址：北京市海淀区阜成路甲 28 号　邮编：100142

编辑部电话：010-88191458　发行部电话：010-88191522

网址：www. esp. com. cn

电子邮箱：esp@ esp. com. cn

天猫网店：经济科学出版社旗舰店

网址：http：//jjkxcbs. tmall. com

固安华明印业有限公司印装

787×1092　16 开　16. 25 印张　260000 字

2025 年 2 月第 1 版　2025 年 2 月第 1 次印刷

ISBN 978 - 7 - 5218 - 6117 - 4　定价：58. 00 元

# 前　言

党的十八大以来，在习近平新时代中国特色社会主义思想指引下，围绕培养什么人、怎样培养人、为谁培养人等重大现实问题，我们党在实践中不断深化对教育事业规律性的认识，擘画了从思政课程到课程思政，再到社会大课堂的"大思政"格局，课程思政全面推进，育人合力效应显著提升。大连大学经济管理学院（旅游学院）紧紧抓住教师队伍"主力军"、课程建设"主战场"和课堂教学"主渠道"，深化课程思政教学改革，形成"学院有精品，门门有思政，课课皆育人"的良好局面。

在此基础上，本教材凝练了34个经管类专业课程思政优秀教学案例，涵盖5个专业，突出新文科背景、专业理论厚实、思政元素丰富、案例鲜活生动、教学方法多元和育人场景多维的鲜明特色，将社会主义核心价值观教育贯穿课堂教学的各个方位、各个层面，充分发挥专业育人与思政育人、课堂育人与实践育人相融合的协同效应，在注重培养学生"专业成才"的同时，实现"精神成人"。

结合学科文化特点，本教学案例从中华优秀传统文化、百年党史管理精粹、国家政策举措与战略选择、企业家文化和企业家精神、管理实践案例、大学生关注的热点、行业法律法规、劳动教育和职业教育等方面提取思政教学元素，有机融入教学，逐渐积淀各门课程的知识体系、价值体系和行为习惯，对学生的思想认识、思维方式、价值取向等深层次的素养进行濡染和塑造，彰显经管类专业中蕴含的"工匠精神、爱岗敬业、锐意进取、勇于探究、守正创新、诚信经营"等价值理念，注重引导学生辩证思考，培养学生文化自信与理论自信，夯实道路自信和制度自信，树立道德责任感。

本教材 34 个案例由 36 名教师参与编写。本教材由宿伟玲、赵爽组织编写和审核修订：负责编写案例大纲并组织研讨，确定案例的体例和格式，组织全院教师分工写作，审查编写进度，负责全书的统稿等。

本教学案例具有先进性、实效性和可操作性，是经管类专业课程思政教学的优秀指南，为高校经管类专业及相关专业教师开展课程思政教学提供示例。

编　者

2025 年 1 月

# 目　录

"管理学 A"课程思政教学典型案例

赵　爽　王小莉　李　英 …………………………………………………… 1

"财务报表分析"课程思政教学典型案例

王文杰 ……………………………………………………………………… 11

"财政学"课程思政教学典型案例

赵晓卓 ……………………………………………………………………… 18

"客户关系管理"课程思政教学典型案例

丁　蕊 ……………………………………………………………………… 27

"高级财务会计"课程思政教学典型案例

王　延 ……………………………………………………………………… 36

"电子商务理论与实务"课程思政教学典型案例

高　鹏 ……………………………………………………………………… 46

"公司战略与风险管理"课程思政教学典型案例

王　昱 ……………………………………………………………………… 54

"内部控制原理与实务"课程思政教学典型案例

周守亮 ……………………………………………………………………… 61

"国际商务谈判"课程思政教学典型案例

罗　鹏 ……………………………………………………………………… 67

"宏观经济学"课程思政教学典型案例

　　赵　辉 ································································································· 75

"电商视觉设计"课程思政教学典型案例

　　姜义颖 ······························································································· 82

"统计学"课程思政教学典型案例

　　李　颖 ································································································· 91

"运营管理"课程思政教学典型案例

　　杨文升　朱敏捷　闫菲菲 ································································· 98

"微观经济学"课程思政教学典型案例

　　刘　旸 ······························································································· 105

"经济法"课程思政教学典型案例

　　吕丹丹 ······························································································· 115

"审计学"课程思政教学典型案例

　　浦　艳 ······························································································· 122

"世界经济"课程思政教学典型案例

　　金珊珊 ······························································································· 128

"税务会计"课程思政教学典型案例

　　张宏霞 ······························································································· 135

"运筹学"课程思政教学典型案例

　　宋莹莹 ······························································································· 140

"管理信息系统"课程思政教学典型案例

　　孙　琳 ······························································································· 144

"战略管理"课程思政教学典型案例

　　王　琳 ······························································································· 150

"国际市场营销"课程思政教学典型案例

　　郑毅敏 ······························································································· 158

"中级财务会计"课程思政教学典型案例

　　赵淑惠 …………………………………………………………… 164

"行为金融学"课程思政教学典型案例

　　徐小博 …………………………………………………………… 173

"业绩评价与激励机制"课程思政教学典型案例

　　闫 肃 …………………………………………………………… 178

"企业经营实训"课程思政教学典型案例

　　赵 爽 郑毅敏 金珊珊 ………………………………………… 186

"营销工程"课程思政教学案例

　　张玲玲 …………………………………………………………… 192

"质量管理"课程思政教学典型案例

　　朱敏捷 杨文升 ………………………………………………… 202

"金融工程学"课程思政教学典型案例

　　邢 戬 …………………………………………………………… 211

"市场调查与预测"课程思政教学典型案例

　　王 爽 …………………………………………………………… 219

"证券投资学"课程思政教学典型案例

　　庞咏刚 …………………………………………………………… 227

"国企党建及财务管理"课程思政教学典型案例

　　王 鹏 …………………………………………………………… 232

"网络营销"课程思政教学典型案例

　　王思荔 …………………………………………………………… 237

"整合营销传播"课程思政教学典型案例

　　杨跃琴 …………………………………………………………… 243

# "管理学 A" 课程思政教学典型案例

赵 爽 王小莉 李 英

## 一、课程基本情况

"管理学 A"是工商管理类各专业的大类基础课程,教学总学时为 48 学时。本课程的知识教学目标旨在能够让学生正确认识课程的性质、任务及其研究对象,掌握管理的基本职能,了解管理学前沿动态,建立分析和研究管理问题的基本框架体系。能力教学目标旨在让学生学会理论联系实际,在系统学习管理学知识的基础上,学会分析管理案例、解决实际管理问题,培养学生分析与解决管理学实际问题的意识与能力。价值教学目标旨在培养学生辩证的管理思维,发展与完善学生的心智模式。本课程通过团队学习等方式,提高学生的组织能力、守正创新、沟通能力和合作意识,使管理学知识内化为学生头脑中的思维模式和行为习惯,提高学生管理素养。总体上,要求学生对管理学有一个全面的认知与了解,掌握管理学的基本思想、基本理论和基本方法,并能初步应用于分析、解决具体管理问题,在解决实际问题中培养管理素养,为进一步学习专业课程打下良好的基础。

## 二、"课程思政"教学整体设计思路

近年来,课程组认真学习习近平总书记关于立德树人的重要论述及全国高校思政教育工作重要讲话精神,结合管理学课程特点,深挖课程思政元素,并将其潜移默化地融入课程教学，编写了含思政、知识、能力和素质目标四位一体的课程教学大纲、教学设计、教案等系列教学资源，建成课程思政素材库。秉承"教学、科研和实践"共促共荣的教学理念，课程团队积极投身科研工作和社会实践工作，贴近社会需求、融合产业发展、把握学科前沿，不断提升教学能力。

立足大连大学本科教育培养定位——始终坚持扎根大连办大学，坚持立德树人，培养"两会两能"的高素质应用型人才。"管理学 A"充分发挥工商类、旅游类学生入校后的第一门大类基础课程的作用，积极引导学生树立明确的学习目标、养成良好的学习习惯、内驱学习的使命感、树立正确的价值观。课程培养学生掌握组织管理的一般规律，为后续课程奠定坚实基础。教学内容突出"科学性、艺术性和实践性"的特点，结合职业素质要求，分析得出学生应具备"勇于实践、团队协作、发展创新、爱岗敬业"的职业素养。管理学与中国现代化管理实践高度契合。课程融合西方管理理论和中国传统文化，是根植中国管理实践的管理实务。因此，注重引导学生辩证思考，培养学生文化自信与理论自信，夯实道路自信和制度自信，树立道德责任感。

通过课程建设，最终达成"个人修养—职业精神—理想信念"三层次的思政目标。个人修养：内驱学生学习使命感、树立辩证思维观、可持续发展观。职业精神：培养学生爱岗敬业、诚实守信、工匠精神、守正创新的职业精神。理想信念：培养生文化自信、制度自信，以探求经济管理一般规律为己任，将个人成长融入为中华民族伟大复兴的奋斗之中。

# 三、"课程思政"教学方法及手段

对标学校办学定位、专业培养定位，本课程首先明确了经管类专业毕业要求的支撑点，建立了对接毕业要求的课程思政目标，规定了课程思政目标达成的教学方法要求；其次确立了授课、探究和实践的具体教学内容，细化课程目标，教学内容，思政元素与学生预期成果的对应关系，形成"四驱动四重构"课程思政育人模式；最后建立了检验学生学习成果的考核方式和评分标准，提出了课程质量评价和持续改进的方式方法。

1. 驱动"教师率先垂范＋当好领路人"，重构教学能力

教学团队是课程建设的灵魂和大脑，"唤醒"教师课程思政能力是课程建设的关键举措。教学团队通过建立课程思政集体教研制度，克服"单兵作战"的低效困境，充分发挥集体智慧，定期开展学术交流讲座、思政专题培训、教学沙龙活动、集体备课、校企培训等活动，补齐课程思政短板，协同探索完善课程思政教学体系，将课程思政建优建强。

2. 驱动"管理思想＋管理方法＋管理实践"的结合，重构知识体系

课程从"管理思想—管理方法—管理实践"重塑知识体系，旨在通过古今中外优秀的管理思想、管理方法和管理实践解决中国管理问题。既剖析中西方管理思想的共性，又比较差异性；既吸收古代管理方法，又汲取现代管理方法；以业内世界级标杆企业为参考对象，研究中国管理实践。

3. 驱动"问题导向＋教学内容"相结合，重构教学方法

课程思政如盐入味，教学方法要"巧"。其结合管理学实践性的特点，以问题为教学起点，从社会的热点、企业的难点、学生的关注点和教学的重点入手，一个问题加一个问题地串联起来，形成"问题链教学法"，细化课程目标、思政元素、课程内容与学生预期的有机融合，育人效果更有针对性和时效性。

4. 驱动"理论学习＋实践体验"相结合，重构学习边界

课内教学 48 学时，要求学生的课内课外时间分配比为 1∶1 至 1∶2，拓展学习时间。通过业界导师进课堂，指导学生参加创新创业大赛和走访企业

调研、鼓励学生参加志愿活动等方式将课堂知识延伸到课外，拓展学习空间，切实做到"知—行—用"统一。

# 四、"课程思政"教学实施的具体案例

"组织设计"是马工程教材的重要内容。组织设计是组织目标和愿景顺利完成的中间桥梁，对于帮助组织共享信息和资源、适应环境变化、提高竞争力及培养人才都有重要的意义。而这个内容对于缺乏社会经验和生活阅历的大一新生来说，抽象难懂，因此，需要按照"四驱动四重构"的课程思政育人模式进行教学设计和实施，以达到提升"个人修养—职业精神—理想信念"三个层次的思政目标。具体教学实施设计如下。

## （一）课前知识清单发布和诊断评价问卷

### 1. 引起学生的学习兴趣，提出学习问题的起点，让学生提前进入学习状态

利用诊断性评价，评估学生学习的兴趣、了解学生关注点、影响成绩的因素并掌握如何帮助学生学习。为下一步设计教学问题，形成"问题链教学"提供一手资料，见表1。

**表1　　　　　　组织设计：学生关注点、学习难点情况**

| 学习组织设计的兴趣 | 学习组织设计的关注点 | 影响成绩的因素 | 学习过程需要哪些帮助 |
| --- | --- | --- | --- |
| 1. 有强烈的兴趣 | 1. 组织设计背后的管理原理 | 1. 课堂环境及氛围 | 1. 学法指导 |
| 2. 有兴趣 | 2. 组织设计是什么？怎么做？ | 2. 教师 | 2. 知识点差缺补差 |

| 学习组织设计的兴趣 | 学习组织设计的关注点 | 影响成绩的因素 | 学习过程需要哪些帮助 |
|---|---|---|---|
| 3. 只是对自己感兴趣的学习内容有兴趣 | 3. 不同类型企业如何选择组织结构类型？ | 3. 教法 | 3. 思维引导 |
| 4. 无兴趣 | 4. 跨国公司的组织结构是否完全可以照搬 | 4. 学习环境 | 4. 情感呵护 |
| | 5. 其他 | 5. 其他 | 5. 其他 |

### 2. 布置阅读学习材料

阅读书籍：《激活组织：华为奋进的密码》《海尔转型：人人都是 CEO》。

要求：课前自学时间 45 分钟，重点了解华为组织结构的"经纬"划分、"支部建在连上"等内容，重点了解海尔"市场链管理"，让学生为课上讲解做知识储备与铺垫。

### （二）课上导入诊断评价和预习书单

#### 1. 问题 1：组织设计是什么？

组织设计是设计清晰的组织结构，规划各部门的职能和权限，确定组织中职能职权、参谋职权、直线职权的活动范围，最终编制职务说明书。

换言之，组织设计是将组织资源（人、财、物、权等）配置到不同的组织部门，通过合理的组织设计，让企业灵活调动部门团队，既避免"诸侯割据"，又要避免"末端无力"，让整个企业成为一体化"军团"，集中力量办大事，成为打得赢、攻不破的经营堡垒。

#### 2. 问题 2：组织设计怎么做？

组织设计如此重要，那么企业都是如何进行组织设计的呢？这就需要了解组织设计背后的管理思想和方法。

（1）西方组织设计管理思想和方法。

①泰勒、法约尔和韦伯奠定的传统组织理论。这些理论顺着组织亚当·斯密的分工理论来研究组织设计问题。按照传统组织理论的观点，这种集合系统的构成通过职位与部门划分、等级层次设置、横向联系和权限分配等结构性手段来实现。因此，按照传统组织理论设计的企业组织往往表现为具有明显的行政机构特性，或者说是一种机械式组织、科层组织。

②组织过程理论。巴纳德和西蒙对组织活动尤其是决策活动的重视和分析，引导人们对组织研究从静态转向动态。迈克尔·哈默更提出"再造工程革命"借助对于业务流程或企业过程的再设计，使原支离破碎过程得到整合。

（2）中国组织设计管理思想和方法。

①"老子哲学"思想。老子哲学思想的核心是"道"。认为道是万物的本源，无论什么事都要遵循本源，不能强加干涉，要尊重自然。老子思想运用在组织设计中，就是将日常事务的决策权下放，管理者致力于战略方针的确定，而不是日常琐碎事务管理，否则会降低管理效率。

②"孙子兵法"主张。《孙子兵法》中说道："故经之以五事，校之以计，而索其情。一曰道，二曰天，三曰地，四曰将，五曰法。"其中，"法"就是军队的编制、将吏的职责、军需的供给等方面的规定。这与今天的组织设计异曲同工。"分而治之"出自《孙子兵法》"十则围之，五则攻之，倍则分之，敌则能战之，不若则能避之。"意思是各个击破，指把敌军分隔开，一部分一部分地消灭，借指逐个地解决问题。

整合二者的管理思想，即"无为而治的分而治之"，就是管理者既要给组织赋能，下放权力，又要划分好责任权力，让员工自我管理、自我激励，达到组织效能最大化。

（3）从党史中提炼组织设计管理思想和方法。

1927年9月"三湾改编"中提出的"支部建在连上"的方法是革命胜利的重要保证。当时，一个连有100人左右，党支部能对战士的心理与思想进行协调，同时，团、师具有党组织，"党指挥枪"的这条经线是通的。这样，党对军队的领导就能从上到下真正贯彻到基层。

"军委管总、战区主战、军种主建"的总原则也为企业组织设计提供了借鉴。军种主建，即各军种负责单兵训练、分队训练、基础训练。军种就是要打造合格的产品，负责提供合格的部队、合格的武器装备和合格的人才。战区主战，即战区是由多军种联合组成的，战区里不光有陆军、海军、空军等，联合在战区层面出现，或者在战区层面出现联合后再往下延伸。

3. 问题 3：中西管理思想产生的组织结构有什么异同？

（1）西方管理思想下的组织结构形态。

基于上述西方管理思想，产生了五种组织结构形态。由此，西方管理思想下的组织设计方法以"制度设计"为主，它的优点是将规范化渗透到基层。它的缺点是对于人性、道德观、责任感、自身行为的激励和修养，控制和调整自己的行为，创造良好的人际关系和激励环境，使管理者和被管理者都能够持久地在激发状态下工作等探讨不足。

（2）中国管理思想下的海尔组织结构和华为组织结构。

①海尔"内部市场设计"。将市场经济中的利益调节机制引入企业内部，围绕企业战略目标，把企业上下流程、上下工序和岗位之间的行政机制转化为买卖关系、契约关系。"SKU"为单元的内部市场化，这已经是和通用公司早期（杜兰特时期）一样的"无为而治"管理了。但每个单元内的管理机制还是常规模式，只是因为规模缩小，单元的目标更集中，管理成本变小，激励增强，体现为"分而治之"。

②华为"经纬"划分组织结构。一方面，经线缩短（从上到下，要让政令能出深圳坂田），确保战略落地，确保公司始终是一个整体，形成军团力量，这就是参考了人民解放军军改思想；另一方面，纬线（一个组织平行的部门或资源）拉通，贴近客户的组织能指挥作战，成为经营的"堡垒"。此外，华为构建无数条从上到下贯通的"经线"，这些线在基层作战单元，都有明确的部门或相应职能人员对应，这就保证各条线能实现上传下达、统一行动，实现"支部建在连上"。

### 4. 思政效果

对比分析中西方优秀管理思想和管理方法，培养学生批判性思维、钻研探究精神。对优秀传统文化有更深刻的管理层面认知，增强民族自信和文化自信，实现思政育人。

培养学生居安思危的战略远见、未雨绸缪的底线思维以及坚忍不拔、攻坚克难的奋斗豪情。培养学生从党的百年奋斗征程中汲取智慧和奋进力量。将西方管理理论所无法解释的"中国奇迹"、领军企业的先进管理实践展示给同学，诠释中国管理智慧对世界的贡献，引发学生共鸣，为国家培育更多符合时代发展需要的创新型、领导型人才。

## （三）布置课后作业

### 1. 你身边的组织

通过走访调研、二手资料收集，小组完成大学组织结构图绘制（包括党委组织机构和行政组织机构），理解并研讨"高等学校实行党委领导下的校长负责制，是由我国高等学校的性质和任务决定的"这一管理方式的实践意义。

### 2. 管理实践

走访汇生科技（大连）有限公司，实地考察这家本土数字化转型企业的组织结构设计特色，形成调查报告。由企业导师进行点评并反馈。

# 五、教学效果

### 1. 教师反馈

通过本节课的学习，发现同学预习情况普遍较好，课前对本节所讲述的知识点有整体性把握。课中，学生能够积极进入状态，跟随老师的教学进度，积极参与小组讨论，能够将理论知识迁移至管理实践。对于组织设计有了较深的认识和思考。课后辅助本土化案例，复习总结所学知识，让学生学会举一反三的同时，关注本土企业的管理和发展。企业导师评改学生调查报告，进一步让同学的知识学习落地。

### 2. 学生反馈

管理学课堂非常有趣，引用实际生活案例，启发学生思考，师生课堂互动环节多，有效地调动了学生的积极性。学生在学习理论知识的同时，也学会了汲取古代优秀管理思想和党史蕴含的管理思想，既抬头看世界，又关注本土企业的发展，塑造了积极的职业观和价值观，增强了民族自豪感和为祖国发展作出更大贡献的理想信念。

### 3. 业界导师反馈

大一学生是一张白纸，最初接触的课程对学生的启蒙作用至关重要。"管理学 A"既深入探讨中西方管理思想，又佐以中国优秀企业案例深入浅出地讲解管理思想和方法的应用，走"中学为体、西学为用"的课程思政路径，对塑造学生的个人修养、职业素养和伟大的理想信念有着重要的影响作用。

# 六、教师感悟

通过"管理学 A"课程思政教学的实践，我们总结并提炼出了如何将思政教育理念融入管理学课程教学中的多种方法，通过这些方法的实施，学生的思想政治素养得到了提高，学校的思想政治教育工作也得到了推进。但本课程同时也存在一些问题和不足之处，有待进一步改进，未来可以从以下几个方面着手进行：一是为了确保"管理学 A"课程思政实践的效果，需要进一步建立更加科学的、有针对性的教学评价机制，在评价过程中，要重视学生思政教学环节的参与度和反馈情况，采取多种评价方式相结合的形式全面了解学生的知识掌握情况和思想政治素养。二是为了更好地进行"管理学 A"思政育人教学，应不断提高教师的思政教育水平及思想政治素养，可以组织教师参加思政教育培训，帮助我们更好地将思政教育融入专业课程。

## 参考文献

［1］曹仰锋．海尔转型：人人都是 CEO［M］．北京：中信出版社，2017．

［2］《管理学》编写组．管理学［M］．北京：高等教育出版社，2019．

［3］胡华忠．"课程思政"的价值意蕴、理念内涵和实现路径［J］．中国高等教育，2022（6）：10 – 12．

［4］刘鹤，石瑛，金祥雷．课程思政建设的理性内涵与实施路径［J］．中国大学教学，2019（3）：59 – 62．

［5］吴晓波，等．激活组织：华为奋进的密码［M］．北京：中信出版社，2021．

［6］徐宏玲．管理学课程思政案例集［M］．成都：西南财经大学出版社，2021．

# "财务报表分析"课程思政
# 教学典型案例

王文杰

## 一、课程基本情况

"财务报表分析"课程是一门会计学专业方向的课程,教学总学时为48学时。财务报表分析实质上是连接会计信息供给者和会计信息需求者之间的一座桥梁,本课程通过学习财务报表分析的基本原理和理论,使学生能够理解主要财务报表的基本结构、内容以及报表之间的逻辑关系,能够对财务报表进行比率分析、综合分析;能够站在宏观且客观的视角综合评价企业的运营状况和财务业绩,进而能够对企业财务状况的整体质量进行系统化分析与评价。本课程旨在培养学生利用专业知识分析经济问题的能力,在提升学生职业判断能力的同时,培育学生"知敬畏、守底线"的职业品质与"重细节、致良知"的敬业精神。

## 二、"课程思政"教学整体设计思路

结合"财务报表分析"课程教学内容和特点,寓思想政治教育于专业课程教学,实现专业教育与思想政治教育有机融合与相互促进。

"财务报表分析"课程思政建设体系包括两部分:一是"思政入课";二

是"'案'说思政"。在推进课程思政过程中，精心设计教学案例，尽量结合"吸睛"的时事热点，努力融入"传统"的优秀品德，让学生内容听得进、知识学得会、思想受洗礼。

结合课程思政的特点，"财务报表分析"课程思政教学改革的创新点主要包括：第一，理论引领、道路自信，将基于中国企业、扎根中国实践的财务分析话语体系融入课堂。第二，案例教学、思政融合，为国家培养经世济民、诚信服务、德法兼修的优秀人才。

# 三、"课程思政"教学方法及手段

在课程思政建设过程中，形成思政教育与"财务报表分析"课程的全过程融入，不仅在基本的教学设计中加入了思政元素，而且在基础教学资源和拓展教学资源中都融入了思政元素。同时，充分利用网络教学平台和一体化教室，采用"案例教学法""讨论教学法""探究式教学法"等多种教学方法，确保课程思政的顺利实施。

1. 课程思政融入课程标准和教学日历

在课程标准中，提出了"财务报表分析"课程思政设计的总分思路、课程思政培养目标和课程思政教学设计等内容。

2. "财务报表分析"课程思政在基础教学资源中的融入

（1）"思政入课"是"财务报表分析"课程思政建设的主阵地。

如何把所讲知识与思政结合，是本课程思政建设中最为关键的问题。应避免"生插"思政内容到课堂，引起同学们的反感，难以达到教育的目的，而应自然地实现专业知识到思政知识的过渡。

（2）实践教学是进行课程思政教育的重要场所。

"财务报表分析"课程的一大特色是"理实融嵌"，因此，将思政教育适时融入实践操作。

（3）搭建"财务报表分析"课程思政学习的配套环节。

3. "财务报表分析"课程思政在拓展教学资源中的融入

课程思政建设的最终目标，是思想政治教育内容渗透进学生的内心，自觉养成良好的思想品质，热爱祖国，爱岗敬业，不断创新，拼搏前行。因此，结合"财务报表分析"课程的特点，用"真实案例"讲思政，设计了"'案'说思政"视频类拓展教学资源，提炼出守法、诚信、勤劳等思想政治内容，为学生塑造积极、健康、向上的价值观。

# 四、"课程思政"教学实施的具体案例

专业课的教学中如何将思政点渗透在教学全过程中，是我们每位专业课老师需思考的问题。依托超星、雨课堂等智能教学平台，依托中国大学慕课精品课程、智慧树等高质量教学内容，将课程思政内容"前移＋后移"，进一步节省线下课堂时间。例如，在讲解"财务报表与财务报表的生成"一章时，笔者将以下思政点通过线上线下的方式融入教学全过程。

1. 线上"课前预习"环节课程思政内容

培养学生的比较分析能力，了解经济的发展对会计准则发展的影响，促使学生养成关注前沿动态的职业习惯，培养学生发现问题的敏锐性和判断力，提升学生探索性和批判性思维能力。本章讲解财务报表与财务报表的生成，课前将《企业会计准则第30号——财务报表列报》挂在学习通平台，要求学生了解1993～2023年该具体准则主要经历的变化。

2. 线下"导入新课"环节课程思政内容

通过财务报表提供高质量的财务信息，引导学生树立正确的质量观，特别要把握财务信息质量的基础性和重要性作用；恪守职业行为底线，既要有底线思维，又要付诸行动。以"财务报表的编制"这一知识点的实操为例，告诫学生要做一个"诚信为本、操守为重、坚持准则、不做假账"的会计从业人员，向财务报表信息使用者提供真实的财务数据。

（1）财务报表中的诚信意识。

在财务报表的编制过程中，诚信意识是非常重要的。实务中存在企业诚信意识不强和会计从业人员滥用会计准则粉饰报表的现象。学生们需要了解财务报表的真实性和可靠性对一个企业的重要性，并注重诚信和道德。教师可以通过"说说历史上他们的事"环节弘扬中华民族传统文化中的"诚信"，如穿插古代管仲与孟子的诚信思想、民国期间中国四大会计师事务所对诚信的信仰等。教师还可以引入现实案例，通过分析案例中企业对财务报表进行粉饰造假、涉嫌公司 IPO 欺诈的行为，引导学生了解财务报表中的伪造和造假行为会对企业、投资者和整个市场造成的影响，让学生认识到诚信对于企业的重要性；引导学生严格遵循实事求是的精神；引导学生认识到会计职业中需要严谨、一丝不苟，不投机取巧的精神，不能急功近利。

（2）财务报表对遵纪守法与履行社会责任的体现。

财务报表不仅仅是企业内部的管理工具，也是企业对于社会的一种责任体现。学生们需要了解企业在编制财务报表时承担的社会责任，并掌握社会责任的内涵和外延。教师以教学案例"广东证监局的两封警示函"为例，将案例制作成小视频，通过分析案例，告诉同学们向资本市场传递利好信息的重要性，同时明确指出，要遵守市场竞争秩序，在符合相关法律监管条约的情况下，从事各项交易活动或事项，进而向学生表达"遵纪守法、人人平等与积极履行社会责任"这一思政主题内容，让学生在执业过程中不能逾越法律的底线，要形成"法律面前人人平等"的思想意识；引导学生们了解企业在编制财务报表时应该如何平衡各方利益，让学生们从中认识到企业的社会责任是企业管理的重要组成部分。

### 3. 线上"课后讨论"环节课程思政内容

通过学习通平台的讨论模块，鼓励学生"讲讲诚信"的典故与故事，要求学生在课后展开讨论，系统会根据发言情况计入平时成绩。教师在参与讨论时也可以针对比较典型的案例对学生讨论内容作出点评。

# 五、教学效果

在积极开展理论与实践一体化教学过程中，借助案例教学、翻转课堂等方式将思政元素充分融入教学各个环节中，进而实现价值引领和专业同步的教学目标。学生不仅需要掌握课程知识和具体方法，且在实践分析中能够科学应用这些知识与方法，同时不断增强自身的道德观念、责任意识、保密意识、法律意识等。

通过教学案例将课程思政与专业教学无缝衔接，是本课程的一大亮点。一例胜过千言万语，恰当的案例可能起到醍醐灌顶、画龙点睛的作用，抑或是当头棒喝的效果。例如，除了财务绩效之外，考量企业的时候是否还需要从其他维度进行考量？科技是第一生产力，科技兴国的重要战略意义等内容都可以在课堂中涉及。每一个精心打磨的思政"亮点"，都凝聚着教学过程中的良苦用心。通过在专业知识上进行思政延伸，潜移默化之中将优秀品德传递给学生，既能体现课程内容的专业高度，又能彰显课程思政的教育深度。

教育学家约翰·希利·布郎曾说过"与其灌输知识到人们的大脑，倒不如帮他们打磨一副新眼镜，让他们用新视角去看世界"。本课程采用混合式教学模式，学生反馈（细节见图1~图4）任务重但收获大，有些习惯传统教学及灌输知识形式，会计算财务比率简单套用分析（不费脑筋），多数同学随着教学进度的开展，逐渐适应高强度作业，越发喜欢启发式教学以及深入分析的学习模式，思考力、判断力、分析力显著提高。

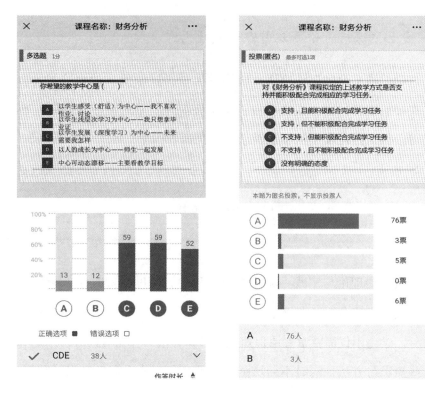

图1　学生理想的教学中心图　　　图2　学生对混合式教学的支持图

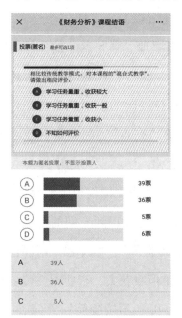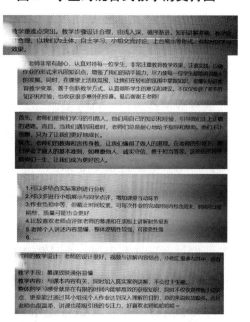

图3　学生对混合式教学效果评价图　　　图4　期末学生评价课程节选

# 六、教师感悟

　　"财务报表分析"课程思政建设通过收集、制作课程资源，不仅为学生提供了丰富的教学资源，而且提升了老师对课程思政建设重要性的认识，勇当新时代的"思政"教育传播者。在课程建设中，坚持"原创"原则，大量收集文献、图片、视频等资源，阅读提炼课程思政讲授内容。

　　通过实施课程思政，达到了育人的目的。举例来说，某些学生学习情绪波动性比较大，对毕业后的前途较为忧虑。通过课程思政的学习，他们看到身处一线的技术工人通过自己的刻苦钻研，成长为大国工匠，从中感悟家国情怀，汲取奋进力量，以更饱满的热情投入到学习中。

**参考文献**

张新民，钱爱民．财务报表分析［M］．5版．北京：中国人民大学出版社，2019.

# "财政学"课程思政教学典型案例

赵晓卓

## 一、课程基本情况

"财政学"是经济类专业学科平台课程，教学总学时32学时。本课程借助马克思方法论，向学生阐明公共财政学基础理论、基本原理，对公共财政现象进行分析和研究。本课程的主要内容包含财政学研究的基本原理和方法、财政收入与财政支出、财政管理、财政政策及国际财政等内容。通过对本课程的学习，学生可以熟悉财政专业术语，理解财政的运行过程及各财政范畴之间的逻辑关系，了解我国现行财政体制的状况，能够分析和解释生活中的财政现象，初步具备解读财政政策的能力，能够洞察、分析财政政策实施的原因，培养学生通过财政学基本原理建立科学的思维方式，提升学生综合解决实际问题的能力。

## 二、"课程思政"教学整体设计思路

2019年4月，教育部启动"六卓越一拔尖"计划2.0，全面推进新工科、新医科、新农科、新文科建设，提高高校服务经济社会发展能力。2020年5月，教育部印发《高等学校课程思政建设指导纲要》，要求把思想政治教育贯穿人才培养体系，全面推进高校课程思政建设，发挥好每门课程的育人作用，提高高校人才培养质量。"财政学"课程结合新文科建设开展课程思政建设的主要任务是挖掘"财政学"课程所蕴含的思想政治教育元素，培养人的家国情怀，培养人的社会责任感和历史使命感。

财政学类专业课程思政建设要遵循中央对课程思政建设的总体要求，把社会主义核心价值观教育融入课程教学内容和教学全过程各环节，从学科属性、专业定位、培养目标出发，结合专业课程特点进行探索。重点关注以下问题：加强国情教育，重点加强现实国情教育和中国历史教育，激发学生强烈的爱国情怀和担当意识；强化法治意识，尤其注重强化行使公权力教育和加强权力监督教育；培养公共意识，增强公共责任和公共管理能力；培育人类命运共同体理念，以此作为研究国际财政理论与实践问题的价值导向，厚植爱国主义情怀，与时俱进，增进学生对国家制度和改革发展成就的理性认同。"财政学"课程思政教学整体设计思路见图1。

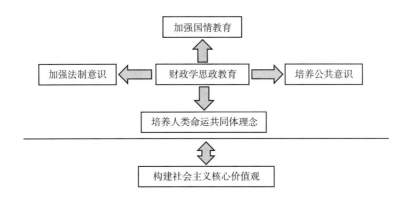

**图1 "财政学"课程思政教学整体设计思路**

## 三、"课程思政"教学方法及手段

本课程以对课程思政建设的总体要求为基本遵循，采用"线上线下"融合教学、雨课堂教学、案例教学对学生进行互动及启发，通过课堂讨论、问题抢答、汇报等学习过程，解决学生的疑问，重视学生质疑和反思能力的培养，注重分享和体验。同时，在整个授课过程中，采用"课前任务驱动—课中任务引领—课后任务研究"的"线上 + 线下"混合式教学理念，将教学过程划分为课前自学（线上）、课堂实施（"线上 + 线下"）、课后"研究 + 练习"（"线上 + 线下"）以及评价与反馈四大阶段，四大阶段相辅相成，相互衔接，通过课前、课中和课后的循环往复共同实现春风化雨、润物无声，全面提升课程思政教学效果。

本课程通过以上教学方法的实施，实现课堂教学与社会时事无缝衔接，启发学生积极参与其中，主动地学习，更好地把书本知识和现实相结合，学以致用，在现实场景中引导学生角色互换，增强学生主动了解国家最新财政政策和关注思考现实问题的积极性，实现深度融合真实问题展开教学；让学生的"头脑"动起来，"思维"活起来，有计划地安排组织学生分成学习小组进行讨论，相互交流，呈现共同探讨的学习氛围，引导学生发现问题，思考问题，集体讨论辨析问题，培养协作学习精神。

# 四、"课程思政"教学实施的具体案例

结合马工程教材《公共财政概论》，思政教育重点关注四个问题：加强国情教育、强化法治意识、培养公共意识、培育人类命运共同体理念。本部分以"国际财政"相关内容为例，结合"财政学"课程思政教学整体设计思路，阐述如何展开教学。

## （一）课前任务驱动（"线上"）

构建人类命运共同体是当今全球化背景下的中国主张。本课程开始前，通过长江雨课堂平台发布预习任务，包括新课思政内容导航和专业学习目标。

1. 思政内容导航

通过党的二十大报告中关于提出人类命运共同体的全球价值观,明确其核心要义;从中华文明历经沧桑始终不渝的和合文化,分析构建人类命运共同体价值观念的文化背景和历史趋势。

2. 专业学习目标

国际财政概念的两种观点;国际公共产品(包括全球性和地区性公共产品)的阐释;国家财政国际支出的认识;国际税收问题及其协调。

明确中国在国际财政关系中的地位,了解国际公共产品在抵御共同风险、获取共同利益中的作用,正确认识国家财政的国际支出及我国的国际权利与义务,完善国际税收问题及其协调机制,将人类命运共同体理念融入财政学人才培养体系,综合体现财政学开展课程思政教育的重要内容。

## (二)课堂任务引领("线上 + 线下")

课堂实施具体分为导入新课、讲解新课、课中互动和课堂凝练总结四大环节。

1. 导入新课

通过课前长江雨课堂发布的"思政内容导航",导入本节课情景案例,引导学生思考"国际财政"与"课程思政"的关系,引导学生将课前预习任务衔接起来,激发学生对本课程的学习欲望,建立起本次课程的学习氛围,顺利导入新课的讲解。结合"专业学习目标",引导学生在了解国家财政问题的基础上关注国际财政,培养学生关心社会和国家的爱国情怀和社会责任感,培养法律和规则意识,构建学生"人类命运共同体"的价值体系。

## 2. 讲解新课（课中互动及课堂凝练贯穿此过程）

人类命运共同体理念是财政学类专业课程思政教育的重点内容之一，人类命运共同体理念恰好契合了财政学专业教育的公共属性。它既是研究我国国际财政理论与实践问题的价值导向，也是解答我国国际财政新发展的金钥匙。课程讲解根据授课内容分成三个环节。

其一，国际财政概念两种观点的剖析及国际公共产品（包括全球性和地区性公共产品）概念的阐释。课上丰富的案例资料使学生了解到，提供各国普遍受益的国际公共产品是抵御共同风险、获取共同利益的理性选择，而达成人类命运共同体共识，无疑是求同存异、谋求合作、扩大国际公共品供给的催化剂。但也要清醒地认识到，由于利益观、价值观的差异或现实条件的约束，在国际公共品供给上还面临十分现实的不合作风险及"搭便车"问题，使公共品供给出现问题。

课上探讨问题一：全球性公共产品提供的难题与破解。同学们可以开动脑筋，从全球性公共产品提供的必要性、公共产品的国际合作提供的困难以及为全球性公共产品的提供寻找出路等方面分组展开讨论，各抒己见。

其二，国家财政国际支出的认识。通过"对国际组织的支出"及"对外援助支出"两个环节的讲述，学生知晓了一国财政的国际支出是一国参与国际治理、承担国际责任的财政体现。对于国际组织缴款，可以视为供给国际公共产品的成本分担。我国一直秉持人类命运共同体理念，通过参与各类国际组织、提供金融支持等国际公共产品供给，体现了应有的大国担当。对外援助支出，我国的重点是"帮助其他发展中国家加强基础设施和自主发展能力建设，实现经济社会发展，建设社会公益设施，并在其他国家遭遇重大灾害时及时提供人道主义援助"。这更是奉行着大国担当和人类命运共同体的理念。

课上讨论问题二：中国作为一个发展中国家，应该如何参与国际援助？同学们可以从对外援助的主要项目类型及对外援助支出的重点等方面分组展开讨论，激发专业知识和思政目标的碰撞，提升热爱祖国的热情和济世悯人的情怀。

其三，国际税收问题及其协调。世界各国公认的国际税收，指涉及两个或两个以上国家权益的税收活动。① 通过分析税收问题的成因，国际税收协调的方法，中国积极参与国际税收制度的完善等内容，使学生了解避免国际重复征税和税收流失，促进税收利益在相关国家或地区之间合理分配，以利于国际经贸关系正常发展，是国际税收问题的核心所在，发展各种国际税收协调方法则是相关各国共同行动进行国际税收合作的具体措施。近年来，我国秉持人类命运共同体理念，将"建立一个全球公平和现代化的国际税收体系"作为目标，致力于推进应对税基侵蚀和利润转移合作、税收信息交换、发展中国家税收能力建设等，这正是人类命运共同体理念的生动实践。

课上讨论问题三：中国应该如何参与国际税收体系改革？同学们可以根据课前准备的资料，从积极参与国际税收协定、积极参与税基侵蚀和利润转移项目行动计划、新的税收利益分配原则、将"建立一个全球公平和现代化的国际税收体系"作为目标等方面进行热烈讨论，引导学生角色互换，分组模拟 G20 杭州峰会场景，将人类命运共同体理念融入财政学的专业学习和课程思政教育中，了解国际公共产品在抵御共同风险、获取共同利益中的作用，正确认识国家财政的国际支出及我国的国际权利与义务，完善国际税收问题及其协调机制。

## （三）课后任务研究（"线上＋线下"）

根据课上任务引领的内容和探讨的问题，课后结合长江雨课堂布置的任务进行能力提升阶段的任务研究。

课后分析问题一：中国在国际财政关系中的地位。

查阅资料，可以从"全球性公共产品提供中的中国""国际经济稳定与发展中的中国""国际收入分配中的中国"来具体分析中国在国际财政关系

---

① 陈共．财政学［M］．10 版．北京：中国人民大学出版社，2020.

中的地位。在课后学生查找整理文献资料的过程中，巩固课上所学，通过"全球性公共产品提供中的中国"，培养学生公共意识的形成；通过"国际经济稳定与发展中的中国""国际收入分配中的中国"，加强学生的国情教育和法治意识。在此基础上，综合探讨"国际财政关系地位"，构建当代大学生的人类命运共同体理念。"国际财政关系地位"分析中体现的课程思政内涵见图2。

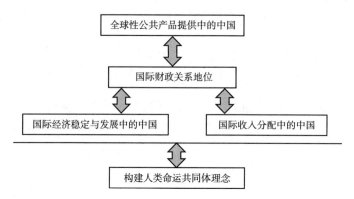

**图2 "国际财政关系地位"分析中体现的课程思政内涵**

课后分析问题二：如何理解中国提出"一带一路"倡议？这对全球治理体系完善能起到怎样的作用？

"一带一路"倡议是在中国与世界关系发生历史性变化的背景下提出来的，它是全球治理变革的必然产物，体现了中国参与全球治理的努力。将本节知识融会贯通，进行升华，学生可以从不同角度进行分析，从"新型的全球化"、"典型的全球公共产品"、"共商、共建、共享"基本原则、"政府与市场的关系"等方面进行综合分析，构建人类命运共同体理念及社会主义核心价值观。

# 五、教学效果

通过案例教学在"财政学"课程思政中的运用，使学生能够在财政理论与实践中以马克思主义理论思想为指引，立足公共财政学基本理论，运用科学的思维方法，辩证、系统地分析财政现象和研究财政问题，培养正确的世界观和人生观，坚持中国特色社会主义方向。

通过推进案例教学在"财政学"课程思政中的运用，学生能够深入理解"财政是国家治理的基础和重要支柱"的科学论断，理解党中央治国理政新理念新思想新战略，进而更具家国情怀、肩负时代责任和历史使命。

本课程注重思政育人的启发性，在课程知识点中充分融入思政元素，形成"知识＋思政"的全流程课程体系：让学生了解中国在提供全球性公共物品上承担了大国的责任，引导学生要树立"人类命运共同体"大局意识和全球意识；通过公众公共意识的提升可以改善公共物品的市场失灵情况，加强学生的社会责任教育。

# 六、教师感悟

本课程的专业学习和思政教学的融汇内容非常丰富，通过课程思政教学实践的逐步实施，有效地利用各个知识渠道帮助学生形成知识的整合和自我构建，引导学生积极发挥创造性思维，构建专业知识的思维框架和社会主义核心价值观。

运用线上、线下相结合的教育教学手段，根据学生课程表现数据及时进行学情分析，形成课程教学模式的不断改进，了解学生的知识掌握情况，针对难点进行进一步讲解，并将课堂参与表现融入过程性考评，激发学生课堂学习的积极性。运用在线讨论，将有限的课堂互动拓展到课堂之外，给学生课上讨论、课下思考的充分空间。

在思政育人和教学工具的双重作用下，本课程的教学达到了较好的效果。让同学们在知识获取的基础上，提升了公共意识和社会责任感，从"人类命运共同体"的全局意识理解国家提供全球性公共物品的必要性。

## 参考文献

［1］陈共.财政学［M］.10版.北京：中国人民大学出版社，2020.

［2］樊丽明，杨灿明，马骁.新文科建设的内涵与发展路径（笔谈）［J］.中国高教研究，2019（10）：10－11.

［3］樊丽明.财政学类专业课程思政建设的四个重点问题［J］.中国高教研究，2020（9）：4－5.

［4］樊丽明.公共财政概论［M］.北京：高等教育出版社，2019.

［5］茆晓颖.新文科背景下"财政学"课程融合思政元素的改革探索［J］.教育教学论坛，2021（1）：78－79.

# "客户关系管理"课程思政教学典型案例

丁 蕊

## 一、课程基本情况

### (一) 课程简介

"客户关系管理"是一门市场营销专业的核心课程,教学总学时为 32 学时,其中包括 8 学时上机实验环节。"客户关系管理"是营销理论和信息技术功能的交叉学科,具有很强的应用性,用来指导企业如何应用信息技术来维持和持续客户关系。通过对本课程的学习,学生能够正确理解客户关系管理的内涵,熟悉客户关系管理的理论基础,掌握数字化时代客户关系管理的策略与技术。本课程旨在培养学生应用营销理论和信息技术手段识别、挑选、获得、发展和维持客户关系的能力。

### (二) 课程目标

#### 1. 思政目标

将政治教育元素、价值观元素、中华传统文化等思政元素融入教学中,增强家国情怀与文化自信,强化责任担当意识,培养学生爱国主义情操,培养诚实守信、全心全意为人民服务的思想。

## 2. 知识目标

理解客户关系管理的内涵，理掌握客户满意度、客户忠诚度、客户生命周期、客户价值等重要概念。

## 3. 能力目标

熟悉客户建立、客户维护、客户保持等基本方法和技巧，能够运用客户关系管理相关理论，结合最前沿的数据分析技术，识别、挑选、获得、发展和维持客户关系。

## 4. 素质目标

树立"以客户为中心"的管理思想，培养数字化客户管理的系统性思维，增强学生沟通、协调、合作的团队意识，提升创新思维。

# 二、"课程思政"教学整体设计思路

"客户关系管理"课程内容包括客户关系管理概述、客户生命周期管理、关系营销、客户识别、客户区分、客户互动、客户满意与客户忠诚、客户关系管理系统等。课程特点是理论与实践相结合，基于此，可以从职业素养、诚信服务、爱国情怀、中华传统文化、社会主义核心价值观等方面进行课程思政设计与探索，具体如表1所示。

**表1**          **"客户关系管理"课程思政教学体系**

| 教学内容 | 主要知识点 | 思政元素 | 呈现方式 |
|---|---|---|---|
| 客户关系管理概述 | 客户关系管理的产生、发展、内涵、核心理念 | 1. 精细务实的服务理念，诚信至上的服务品质<br>2. 企业家的创新精神<br>3. 爱国主义精神与制度自信 | 1. 介绍王永庆卖大米案例<br>2. 分享中国企业家创业故事<br>3. 讲述客户关系管理与中国经济改革发展 |

续表

| 教学内容 | 主要知识点 | 思政元素 | 呈现方式 |
|---|---|---|---|
| 客户生命周期及价值管理 | 客户、客户价值、客户生命周期理论 | 1. 实事求是的精神和辩证唯物主义思想<br>2. 保持乐观进取的心态 | 1. 通过小组辩论的形式，进行客户价值的探讨<br>2. 介绍企业客户生命周期管理案例 |
| 客户关系管理的理论基础 | 关系营销、中国传统文化与客户关系管理 | 1. 营销中的主动沟通、承诺信任和互利互惠原则<br>2. 爱国情怀与世界胸怀<br>3. 中国传统文化的魅力与博大精深 | 1. 播放关系营销视频（政府推进"一带一路"建设，成为中国企业最大的推销员）<br>2. 介绍中国传统文化对客户关系管理的影响 |
| 客户识别 | 客户信息、客户画像、客户信息安全 | 1. 技术创新、科技强国<br>2. 知法懂法守法，守住自己的职业道德 | 1. 介绍餐饮企业利用大数据为客户画像的案例<br>2. 播放当前少数快递人员泄露、买卖客户信息违法的视频 |
| 客户区分 | 客户区分的意义、客户价值区分、客户区分过程 | 1. 学会动态辩证地看待问题<br>2. 社会主义核心价值观中的自由、平等、公正、法治 | 1. 学生讨论——采用不同方法对客户进行分类<br>2. 引入企业对客户分级管理的不正确做法导致客户认为受到歧视从而引发企业危机的反面案例 |
| 客户互动 | 客户互动概述、客户互动的渠道、客户互动设计、客户投诉 | 1. 中国传统文化中讲仁爱、重民本、守诚信、崇正义、尚和合、求大同的思想<br>2. 诚信敬业、创新思维与服务意识 | 1. 介绍中国历史上有关沟通艺术的典故，如"触龙说太后""王翦请田"等<br>2. 播放因客户投诉处理不当而引发企业危机的反面案例。<br>3. 角色扮演——处理客户投诉 |
| 客户关系测评与维护 | 客户满意、客户忠诚、客户挽回 | 1. 深刻理解和践行社会主义核心价值观中"以人民为中心"的思想<br>2. 弘扬以爱国主义为核心的民族精神 | 1. 学生个人满意消费、忠诚消费、投诉经历交流<br>2. 介绍各级政府简化办事流程以提高人民满意度的案例<br>3. 介绍航空公司响应国家号召在南沙永暑礁测试大型民用飞机起降，机组人员在网上发出南沙海景照，成功圈粉很多网友，引起爱国共鸣，提高了客户忠诚度的案例 |

续表

| 教学内容 | 主要知识点 | 思政元素 | 呈现方式 |
|---|---|---|---|
| 客户关系管理系统 | CRM 系统概述、实施、发展趋势以及典型 CRM 系统介绍 | 1. 关注国内优秀企业的发展，增强民族自信心<br>2. 技术创新、科技强国的精神 | 1. 介绍中国优秀企业的客户关系管理分析<br>2. 介绍商业智能与人工智能在实际生活中的应用 |
| 上机 | 收集客户资料、客户行为分析 | 1. 提升实践能力，增强勇于探索的精神<br>2. 诚实守信、遵纪守法的职业道德 | 1. 学生亲身参与客户数据库的建立，并对客户进行分析<br>2. 学生个人作业汇报交流 |

# 三、"课程思政"教学方法及手段

## （一）案例教学法

本课程通过具体的文字和视频案例引导学生思考和讨论，使学生更好地了解社会现象，提高他们的思辨能力和判断力。例如，在介绍客户信息收集的时候，通过一些泄露客户信息、非法收集客户信息的案例，使学生了解侵犯用户隐私的不良后果，理解企业诚信经营的重要性；在介绍客户流失与保持时，选择播放一些央视"3·15"晚会的视频，使学生明白企业忽视客户利益、产品质量和服务水平不合格会给企业带来负面的口碑效应和大量的客户流失，理解企业要做实事、精益求精，而不是唯利是图。

## （二）情境教学法

本课程通过模拟真实场景或创造虚拟环境，将思政元素引入教学情境激发学生对思政内容的学习兴趣，采用角色扮演、辩论等方式进行教学活动，通过让学生在"做"中"学"，实现对课程思政的自我领悟和自我教育。例如，在进行"推荐商品"和"处理客户投诉"时，采用角色扮演法，将两名同学分成一组，一位扮演客服人员，另一位扮演客户，让学生在情境中学会换位思考，通过真实体验让学生懂得沟通与合作的重要性，在客户服务中应怎样坚守诚信与责任，同时培养创新思维和服务意识。

### （三）实践教学法

安排相应的上机课程，在实践活动中让学生将所学的知识应用到实际场景，发现事物的本质和规律，将知识点转化成自己的行动能力，从而更好地适应社会实际需求。例如，让学生自己动手建立客户数据库，对客户进行分析，从而了解客户需求、购买习惯以及消费行为等，辅助营销决策。在收集客户资料过程中，培养学生诚实守信、遵纪守法的职业道德。在分析用户行为过程中，引导学生不怕困难、刻苦钻研、追求卓越的学习态度和拼搏精神。同时，让学生分组收集行业发展动态，指导学生开展企业客户关系管理的相关调研，制作 PPT，在课堂上与同学们分享，并通过写作思政心得体会总结升华对思政学习内容的认识。

## 四、"课程思政"教学实施的具体案例

本部分以《客户关系管理》第四章第 1 节——客户信息的获取为例，具体讲解收集客户信息的方法以及收集客户信息的内容、如何有效保护客户信息不泄露，让学生了解"个人信息保护法"的主要内容，以及培养正确的价值观和职业道德。"客户关系管理"课程思政教学单元设计示例如下。

单元名称：客户识别

教学内容：客户信息的获取

思政元素：职业道德、社会责任感、法治教育、科技强国

"客户关系管理"课程思政教学案例展示见表 2。

**表 2**         **"客户关系管理"课程思政教学案例**

| 教学过程 | 知识点 | 课程思政呈现方式 | 教学手段 |
|---|---|---|---|
| 课前任务 | | 课前阅读任务：了解《中华人民共和国个人信息保护法》全文内容，重点掌握第十三条、第十四条、第四十四条的内容。课前 5 分钟，老师提问各小组预习情况。<br>　　思政切入点：了解国家关于信息安全管理的法律法规及保护公民隐私权的法律规定，培养学生成为具有社会责任感和法律意识的高素质技能人才。让学生了解在收集客户信息时务必要取得客户的同意，不能刻意隐瞒或者欺骗客户，以此培养学生的职业道德和责任感；让学生在收取信息的时候对客户讲清楚收集的目的和用途，未来会提供何种服务，在客户同意的前提下收集客户信息，以此来培养学生的沟通能力、共情能力以及掌握法律法规等技能 | 实践教学 |
| 课堂引入 | | 【案例】餐饮开店选址问题<br>　　传统的选址模式——有很多的指标，一般会选择居民的消费水平、商圈、车流等多个指标，然后建立一个选址的模型，会派很多的地调人员去采集、分析、挖掘数据，然后建模应用和决策。<br>　　存在的问题：<br>➤ 耗时非常长<br>➤ 成本高<br>　　大数据选址——在一家成熟的门店放 Wi-Fi 探针，可以监测分析到店的用户，三个月可以分析三十万到店用户的特征，譬如这些人都居住在某个价位的小区，年龄都是 20 ~ 35 岁，喜欢哪些类型的视频，喜欢去哪些地方旅游等。通过这些标签，建立用户模型，这个模型可以放到整个移动用户群体里面去筛选，筛选出来之后，可能有 300 万适合模型的人群，我们就可以把他们放在一个地图上分析。比如，我们想查看中午 11 点到 13 点黄太吉潜在用户的聚集情况，在地图上根据用户群体的分布，选择一些密集度高的区域，就可以很快地确定潜在的选址区域。<br>　　思政切入点：通过介绍餐饮企业利用大数据为客户画像的真实案例，让学生感受科技创新的魅力，看到科技改变我们生活的创造力，深刻体会科技创新推动社会进步带给我们的幸福生活，坚定科技强国的信念。<br>【案例 2】王永庆卖大米——成功地给客户画像而获得客户的心<br>　　通过小本子记录：客人米缸的容量，客人家里的人口、几个大人、几个小孩，每个人的饭量，下一次买米的大概时间……<br>　　思政切入点：再次重温"王永庆卖米"的故事，感受曾经企业给客户画像的方式，同时融入优秀企业精细务实的服务理念、诚信至上的服务品质以及企业家的创业精神 | 案例教学 |

| 教学过程 | 知识点 | 课程思政呈现方式 | 教学手段 |
|---|---|---|---|
| 课堂引入 | 客户基本信息的获取 | 那么，我们应该掌握哪些客户信息呢？<br>【讨论】办理会员卡时，我们向商家提供了哪些信息？消费刷卡时，我们又向商家提供了哪些信息？<br>基本信息：姓名、性别、年龄、手机号码、生日……<br>其他信息：收到促销或活动信息的方式、兴趣爱好……<br>行为信息：购买的商品名称及编号、价格、数量、总价、支付方式、消费时间……<br>商家通过哪些方式获取客户信息呢？<br>王永庆（小本子）<br>现在（CRM软件，记录、存储、更新、辅助营销等）<br>思政切入点：让学生学会用辩证的思维看待"会员卡"问题，理解这把企业与顾客的"双刃剑" | 学生讨论 |
| | 客户心理与态度信息的获取 | 那么，客户心理与态度信息是怎样获取的呢？<br>【案例】客户满意度调查问卷的设计<br>手机移动支付业务调查问卷<br>酒店客户满意度调查问卷<br>这两张调查问卷涉及的信息都与客户的心理和态度有关，影响了客户未来的行为以及是否愿意继续购买。<br>客户的心理与态度信息不是那么容易获取的，手段：<br>（1）调查问卷表<br>（2）办理业务时直接评价<br>（3）态度信息有时会发布在其他平台，如美团、大众点评网<br>思政切入点：让学生感受产品透明化的时代，客户评价的重要性，从而引导学生主动沟通、提高客户服务意识 | 案例教学 |
| | 客户信息安全与隐私保护 | 【视频】比萨店的数据库营销<br>思政切入点：通过"比萨店的数据库营销"视频案例，使学生认识到信息技术是一把"双刃剑"，要客观地看待信息技术存在的优势与不足，扬长避短，引导学生恪守职业操守，遵守国家法律法规，提高法治意识，增强社会担当意识和责任感。<br>【案例】个人信息泄露事件<br>➤ 雅虎账户信息被黑客盗取<br>➤ 美国通信运营商数据泄露<br>➤ 美国移动电话服务公司<br>➤ 有些快递单客户信息遭倒卖，每个4角至2元不等<br>➤ 有些淘宝无良卖家白菜价刷榜：警惕信息被盗<br>➤ 人民日报：小心你手机里的贼<br>思政切入点：通过个别快递人员泄露、买卖客户信息等违反《中华人民共和国个人信息保护法》的案例，引导学生学思践悟习近平总书记关于全面依法治国的重要论述，牢固树立法治观念，学会运用法律武器开展实际工作 | 案例教学 |

续表

| 教学过程 | 知识点 | 课程思政呈现方式 | 教学手段 |
|---|---|---|---|
| 课后任务 | | 课后作业：创设不同的行业情境，学生分组设计客户信息表，客户信息表中要包含基础信息、心理与态度信息等。下一次课，各小组分别讲解客户信息表中设置各个字段的目的、信息的用途以及如何征求客户同意收集信息等。最后，小组互相打分、老师点评打分，各小组根据意见进行修改。<br>思政切入点：作业设计秉承了以学生为主体的教育思想，通过创设直观形象的情境，将知识点转化成学生的行动能力，同时激发学生自主学习的兴趣，提高学生的法律法规意识，培养学生正确的价值观和责任感 | 实践教学 |

# 五、教学效果

本课程通过引入思政元素，激发了教师与学生的教学和学习热情，提高了教学效果。

首先，大多数学生自信心明显增强，课上勇于表达自己的观点；团队合作能力提升，小组能够进行相对融洽的合作，及时完成学习任务；学生自主学习能力也得到一定的激发，多数学生能够在课前进行有效的自学。

其次，学生的分析思辨能力有所提高，能够结合评价指标对个人、同伴学习的成果进行相对客观的分析和点评；学生的三观得到有效引导，能够正确地认识社会的真善美和假恶丑，谨慎思考，明辨是非。

最后，学生的爱国热情高涨，社会担当意识和责任感增强，在思政心得交流中，同学们纷纷表示毕业后会积极投身到国家的建设事业中，勇攀学术高峰，推动国家创新发展。

# 六、教师感悟

"客户关系管理"课程通过渗透家国情怀、社会责任、价值观念、职业素养、服务理念、创新发展、思辨意识等相关内容，一方面，在教学中打破了以往程式化教学模式，优化了教学手段，充分发挥了学生的主体地位，学生的学习目标更加明确；另一方面，把社会主义核心价值观有机融入教学，达到融盐于水、润物无声的教育效果，全面提高了学生缘事析理、明辨是非的能力。

但在课程思政教学实践中也发现了一些问题。例如，思政教学方式、手段等创新度不高，学生容易形成倦怠感；个别学生学习动力仍然不足、学习自主性不强，在小组学习中出现"搭便车"现象；一些思政元素挖掘不够深入，思政案例的选取应加强其深度和广度等。

## 参考文献

［1］卢友东，汪义军. 市场营销专业"客户关系管理"课程思政教学建设探索［J］. 农村经济与科技，2020（22）：263－266.

［2］孟子敏，李莉，张红. 工商管理类课程思政的系统化教学设计与实施［J］. 现代教育科学，2022（5）：97－101.

［3］汪丽艳. 客户关系管理课程思政教学探索与实践［J］. 高教学刊，2021（18）：167－171.

［4］杨利娟. 基于OBE理念高职客户关系管理课程思政教学实践研究［J］. 滁州职业技术学院学报，2023（22）：88－93.

# "高级财务会计"课程思政
# 教学典型案例

王 延

## 一、课程基本情况

"高级财务会计"是会计学专业的核心课程，教学对象是会计学专业大三下半学期的学生。教学总学时为48学时，主要涉及企业合并会计、合并财务报表、外币业务会计、租赁会计等内容。本课程的学习目的是使学生在掌握高级财务会计基本理论和方法的基础上，深化会计理论，将企业合并、合并财务报表、外币、租赁等会计方法运用于并购、重组、境外经营、租赁等经济行为中，使学生能够在处理日常常规会计业务的基础上，具备参与和处理企业复杂经济业务和事项的能力，整体上提高学生运用复杂会计方法的能力和从事会计工作的能力。

## 二、"课程思政"教学整体设计思路

在"高级财务会计"课程思政的实施过程中，专业课内容与思政教育内容融合性问题、师生课堂互动问题以及思政教学的成效评价问题是课程思政教育教学中需要把握的重点。为了解决这一系列问题，聚焦财务会计课程思政实施现状，从"课程思政"与"立德树人"的同源性入手，推进课程思政的建设工作，提升思政课堂的教学效果，在课程思政教学设计中引入ARCS

学习动机模型，从注意、关联、信心、满意四个动机出发，以学生作为主体将其纳入课程思政环境，通过注意动机加强师生间的教学互动，充分激发学生的学习兴趣；通过关联动机使财务会计知识与思政内容融合得更加紧密；通过信心动机丰富实践教学课堂，通过满意动机给予学生课程综合评价以及课程思政的教学评价。最终形成基于 ARCS 模型的多模态"三阶 + 三化 + 三省"的课程思政教学模式。ARCS 学习动机模型在思政教学中的应用，更进一步地整合了课程内的思政教育资源，加强了专业知识与思政教育的融合，有效地推进了专业课程育人育才的工作。

# 三、"课程思政"教学实施的具体案例

为了达成思政教学目标，基于 ARCS 模型交互构建多模态"三阶 + 三化 + 三省"的思政教学模式如图 1 所示。

多模态即从多个模态表达或感知事物，指引入语言、图像、动作、视频、网络等多种形态，构建多模态思政教学目标、多模态思政教学资源、多模态思政学习任务、多模态思政教学活动以及多模态思政教学评价等，给学生以全方位、多感官、充盈的体验，激发学生思政学习兴趣。教学实施内容主要包括课程思政体系设计、课程思政教学策略、课程思政教学评价及反馈与修改。多模态的思政教学模式可以有效地唤醒学生的注意动机、关联动机、信心动机以及满意动机。多模态的"三阶 + 三化 + 三省"的思政教学模式的改革主要体现在思政教学目标的改革、思政教学内容的改革以及思政教学评价的改革。以下以合并财务报表为例进行详细阐述。

## （一）思政教学目标构建

制定"体悟、运用、实践"的多模态三阶思政教学目标。三阶教学目标可以概括为体用并举。其中，体悟可以激发学生的注意力动机；运用可以激

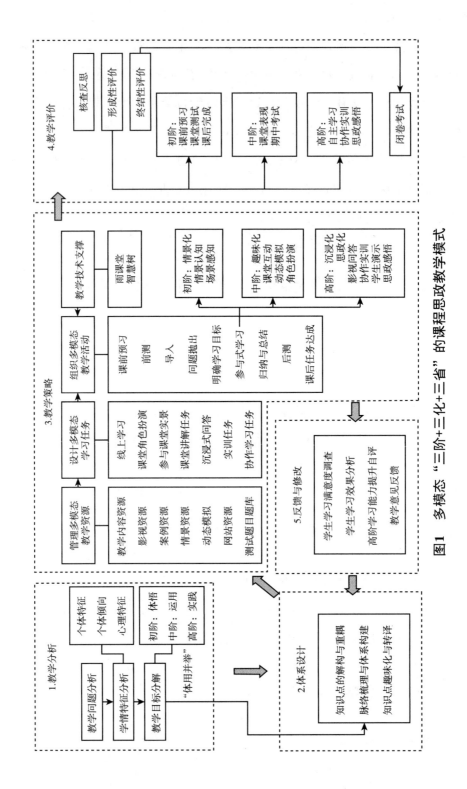

图1 多模态"三阶+三化+三省"的课程思政教学模式

发学生的关联动机；实践可以激发学生的信心和满意动机。

### 1. 初级教学目标为体悟财务会计中蕴含的思政元素

"体悟"思政教学目标主要是激发学生的注意力动机，通过体悟来吸引和维持学生的注意力，包括知觉唤醒、激发探究、变化维持等。会计学专业的学生将来从事的是与资金、资产、数据等相关的职业，因此，体悟包括职业道德、职业操守、诚实守信、遵纪守法、合规意识、社会责任感、社会服务意识。合并财务报表模块的初级教学目标为引导学生加强社会责任感。合并报表编制过程中考虑小股东等相关者的利益，包括企业的社会形象、对员工、客户和供应商的责任等。

### 2. 中阶目标为运用思政解读财务会计中的有关现象及行为

"运用"思政教学目标主要是激发学生的关联动机，运用思政理论解读学生所学的财务会计实务。思政元素的运用与学生的财务会计知识、个人需求和生活经验联系起来，包括目标定向、动机匹配、熟悉化等。在财务会计实务中，有很多现象和行为需要运用思政理论进行解读。具体到合并财务报表模块，会计人员在编制合并财务报表时，需要遵循会计准则和规范，保证信息的真实、准确和完整，这可以运用思政理论中的诚信原则和道德观念进行解读。合并财务报表模块的高级教学目标为引导学生运用诚信原则和道德观念对合并财务报表的抵销行为进行解读。

### 3. 高阶目标是培养思政实践的能力

"实践"思政教学目标主要是激发学生的信心和满意动机，通过实践增强学生的学习信心，维持学生对成功的渴望，包括期望成功、挑战情境、归因方式等；同时，使学生感受到学习的价值、学习的快乐，让他们在学习中获得满足，包括自然的结果、积极的结果、公平等。具体到合并财务报表，会计人员在实践中经常会遇到各种各样的问题，如财务舞弊、会计造假等。运用思政理论可以分析这些问题的根源和实质，进而提出更加有效的解决方案。例如，运用思政理论中的权力监督和制约思想，可以对财务舞弊问题进行深入分析，提出更加严格的监管措施和制度。合并财务报表模块的高级教学目标为引导学生分析在合并过程中可能出现的道德和社会责任问题，如财务造假、内部控制缺失、利益冲突等，以及如何运用合并会计知识来解决这些问题。

### （二）思政教学内容改革

构建"趣味化、情景化、沉浸化"的多模态三化思政教学内容及教学活动。多模态三化思政教学内容的"趣味化"可以达成唤醒注意动机的目的；"情景化"可以达成唤醒关联动机的目的；"沉浸化"可以达成唤醒信心动机及满意动机的目的。

1. 根据体用并举的思政教学目标，将思政内容解构并重耦，梳理脉络并构建体系

在体系的构建中将思政教学内容情景化、趣味化、沉浸化。根据多模态的"三化教学内容"构建影视作品、情景场景、沉浸式问答、网站等思政教学资源。思政学习任务的布置也体现多模态，例如课堂上的角色扮演、游戏任务、参与实景操作、沉浸式问题及协作实训任务等。在讲授合并企业财务报表章节时，从企业财务报表概述、抵销账务处理和报表编制三个层次依次进行讲解，同时在整个授课过程中，将案例教学贯穿始终，对于每种抵销账务处理的讲解都融入越秀金控集团案例，通过企业实例增强学生学习代入感，帮助学生更好地理解消化。

2. 根据体用并举的思政教学目标，组织多模态的教学活动

思政教学活动的组织主要采用"导入—问题抛出—明确学习目标—参与式学习—归纳总结—思政任务达成"的教学模式。多模态思政教学活动主要体现在参与式的"三化学习"，分为可以达成初阶体悟思政教学目标的趣味

化课堂互动、角色扮演、动态模拟；可以达成中阶运用思政教学目标的情景认知；可以达成高阶实践思政教学目标的沉浸式问答、学生演示、协作实训及思政感悟。并且最后教学技术主要是线上资源采用智慧树，线下采用雨课堂小程序等。教师在课前利用智慧树辅助教学平台上传企业案例资料，鼓励学生自主学习，课前资料的阅读可以很好地帮助同学们提前预习新知识并形成一定的认知，为学生的课前预习打开渠道，使学生完成课前知识的储备。对于案例的选取充分考虑到学生的认知以及案例本身的社会影响力，以尽可能地吸引学生目光、充分调动学生学习积极性。同时通过头脑风暴模块的案例讨论，使学生在课前进行独立的分析与思考，带着问题和思考进入课堂。

合并财务报表章节，主要的做法如下。

（1）趣味化课堂互动。在讲授合并财务报表的理论知识时，结合越秀金控集团实践案例分析。讨论不同会计政策对合并报表和对外报告的影响，以及这些影响背后的伦理和社会责任问题。引导学生分析在合并过程中可能出现的道德和社会责任问题，如财务造假、内部控制缺失、利益冲突等，以及如何运用合并会计知识来解决这些问题。

（2）角色扮演和模拟。设计角色扮演游戏模拟会计决策过程，让学生身处决策者的位置，必须基于合并报表信息作出道德和经济上负责任的决策。

游戏背景：

公司 A 打算收购公司 B，这个过程涉及复杂的会计处理和不同股东间的利益冲突。收购后，公司 A 将成为公司 B 的母公司，而公司 B 的现有股东将成为少数股东。游戏的目标是在满足法律法规的前提下，寻找一个平衡各方利益的会计处理方法。

游戏目标：

通过模拟真实的商业环境和会计决策过程，参与者可以更深刻地理解合并财务报表编制过程中的利益冲突问题，以及如何在符合会计原则和伦理道德的前提下，进行有效的沟通和协商，从而达成一个公平合理的解决方案。通过这种实践活动，参与者将加深对合并财务报表中利益协调问题的理解，并提升其决策和沟通能力。

角色设定:

①公司 A 的财务总监:负责设计合并财务报表的方案,维护公司 A 的利益,同时也要考虑到公平性和合规性。

②公司 B 的少数股东代表:努力争取少数股东的利益,重点关注收购后他们在公司 B 中的权益保护。

③注册会计师:负责审核合并财务报表的准确性和合规性,并提出专业意见。

④监管机构代表:监督合并过程是否遵守了相关的会计准则和法律法规,保护投资者特别是少数股东的利益。

⑤中立顾问(可以由老师或其他学生担任):提供中立意见,帮助解决冲突,并指导决策过程。

游戏规则:

①开场情景设置:教师介绍合并的背景信息,角色分配和基本的冲突点。

②准备阶段:每个角色根据自己的立场和利益,准备相关财务数据、支持论点和策略。

③角色发言:按顺序每个角色表达自己的观点和需求,包括对合并财务报表的看法和期望结果。

④谈判阶段:角色之间进行讨论和谈判,每个角色尝试说服其他角色接受自己的方案。

⑤决策阶段:角色根据讨论结果提出最终的合并财务报表处理方案。

⑥评审阶段:独立会计师和监管机构代表对提出的方案进行评审,并提供反馈。

⑦调整与最终决策:根据评审阶段的反馈,进行必要的调整,然后各方就最终方案达成一致。

⑧反馈和讨论:游戏结束后,参与者可以提供反馈,讨论他们在游戏中的学习体会和实际操作中可能遇到的类似问题。

(3)协作实训及思政感悟。安排学生撰写关于合并报表编制和分析的报告,在写作过程中不仅要求他们掌握技术细节,也要求他们探讨社会责任和职业道德问题。

## （三）思政教学评价改革

形成"形成性评价、终结性评价、核查反思"的多模态三省思政教学评价。思政教学评价重点问题是量化形成性评价，不仅对思政教学知识点考核进行量化，还涉及高阶的实训操作及协作学习、思政感悟的量化。

### 1. 课程思政元素考核的量化评价

在"高级财务会计"课程思政教学中，课程思政元素考核的量化评价通过课堂测试、作业、考试等方式进行。合并财务报表章节设计涉及思政元素的课堂测试题目，根据学生的答题情况进行量化评价。量化评价可以帮助教师及时了解学生对思政元素的掌握情况，以便及时调整教学策略和帮助学生改进学习。

### 2. 高阶实训操作及协作学习的量化评价

在"高级财务会计"课程思政教学中，高阶实训操作及协作学习的量化评价通过项目报告、小组讨论、课堂展示等方式进行。合并财务报表章节组织学生进行涉及思政元素的小组讨论，根据学生的讨论情况进行量化评价；组织学生进行涉及思政元素的课堂游戏，根据学生的表现情况进行量化评价。这些量化评价可以帮助教师了解学生在实际操作中运用思政元素的能力，以及学生在协作学习中发挥的作用。

### 3. 思政感悟的量化评价

在"高级财务会计"课程思政教学中，思政感悟的量化评价通过学生自我评估、学生互评、教师评估等方式进行。这具体包括：组织学生进行涉及思政元素的自我评估，根据学生的自我评估情况进行量化评价；组织学生进行涉及思政元素的学生互评，根据学生的互评情况进行量化评价；组织学生进行涉及思政元素的教师评估，根据学生的教师评估情况进行量化评价。这些量化评价可以帮助教师了解学生对思政元素的感悟和理解程度。

# 四、教学效果

开展"高级财务会计"课程思政教学取得的具体教学效果主要有以下几个方面。

## （一）达成的教学目标

教学融入思政元素后，学生不仅掌握了高级财务会计的专业知识和技能，而且在思想政治教育方面也有了显著提高，特别是在职业伦理、社会责任和法律意识方面。学生在理解企业合并、股份对价及国际会计差异等内容的同时，也培养了对公平正义、合规性和伦理责任的深刻理解。

## （二）教育教学改革成果

课程通过案例分析、角色扮演和模拟会计决策等教学方法改革，增强了学生的参与度和实践能力。创新的教学方法如"倒教学"（flipped classroom）和在线讨论平台的应用，提高了学生的自主学习能力和批判性思维。"基于ARCS模型的财务会计课程思政教学模式研究与实践"获批2023年度大连大学课程思政教学改革研究项目，这不仅是对已有成果的肯定，也为进一步深化课程改革提供了支持。

## （三）教学督导听课评价

教学督导给予了高度评价，认为课程内容与思政教学相结合得当，有效提升了学生的综合素质。督导指出，课程教学内容充实，教学方式多样化，能够激发学生的学习兴趣。"高级财务会计"课程在多方面评审后，被认定为优秀。

学生反馈认为教学内容贴近实际，思政元素的融入让他们在学习专业知识的同时，对社会责任和职业道德有了更深的理解。学生普遍认为课程有助于他们准备会计职业资格考试，并对未来职业生涯有明确的指导意义。学生的作业和研究报告显示出对合并财务报表深层次问题的理解，体现了教学改革效果。学生学习心得和感悟中明显体现出他们对会计工作的社会影响和个人责任的认识加深。学生在实践活动中展现出创新思维和解决问题的能力。

## 参考文献

[1] 高德毅，宗爱东. 从思政课程到课程思政：从战略高度构建高校思想政治教育课程体系 [J]. 中国高等教育，2017（1）：43-46.

[2] 季彦君. 认知心理学视域下多模态话语理论在教学中的应用——以人工智能英语为例 [J]. 教育教学论坛，2022（9）：149-152.

[3] 彭爱辉，李建敏. 立德树人视域下课程思政教学问题透视与路径优化研究 [J]. 扬州大学学报（高教研究版），2023（1）：111-118.

[4] 王延. 会计伦理教育对会计伦理认识的影响研究 [J]. 当代教育实践与教学研究，2020（10）：234-236.

[5] 徐琴. 以情感教育添色"智慧思政课堂" [J]. 教育现代化，2019（10）：217-219.

# "电子商务理论与实务"课程思政教学典型案例

高　鹏

## 一、课程基本情况

### （一）课程性质

本课程是市场营销专业的专业核心课，教学总学时为 48 学时，其中，理论 16 学时，上机 32 学时，突出理论指导实践，注重强化学生实践能力的培养。本课程通过学习电子商务基础知识和理论，使学生具备运用电子商务技术和分析方法解决电子商务网站建设及运营管理问题的基本能力，具备运用电子商务思维分析电子商务案例以及设计电子商务应用及商业模式的能力，最终达到能够针对实际需求，查阅和整理行业和市场资料，发现商业问题和机会，应用电子商务思维，设计电子商务商业模式，提出电子商务解决方案，形成商业计划书。本课程旨在通过将国家政策、法治、社会主义核心价值观以及中华传统文化等思政元素融入的方式，使学生增强民族文化自信，强化责任担当意识，提升创新精神，成为具备人文精神、科学素养和诚信品质高素质的市场营销人才。

### （二）学情分析

学习本课程前，学生已经学习了学科平台课和部分专业基础课，具备了管理学、会计学、市场营销以及创新创业的基础理论知识，经过两年的专业训练，培养了一定的市场营销管理的基本能力。同时，对于年轻且有活力的学生来说，对于互联网以及移动互联网的应用并不陌生，对于电子商务充满了好奇，而且根据学生自身情况，甚至有的同学还有丰富的电子商务经验。但是学生大多不了解其背后涉及的电子商务的理论知识和原理，缺少对电子商务产品及服务的专业理解，缺乏对电子商务中存在的问题和风险的认识，缺乏电子商务项目的运营和管理能力。

# 二、"课程思政"教学整体设计思路

本课程基于成果导向教育（outcomes-based education，OBE）理念，采用"教师引导＋个人自学＋团队合作"的线上线下混合式教学模式，通过引入电子商务事件案例分析，增加学生的感性认知，通过上机实验和竞赛项目策划，培养学生运用基本理论解决实际问题的能力；通过"课外资料扩展阅读＋小组讨论＋展示报告"，激发学生的电子商务思维，培养学生的表达能力和团队协作精神；通过慕课等网络资源，锻炼学生的自主学习能力和探索精神；通过挖掘思政要素、融入理论教学，将社会主义核心价值观融入电子商务实践，培养学生职业道德素质，实现理论学习、能力提升、价值塑造的三者融合。

# 三、"课程思政"教学方法及手段

本课程内容整体划分为五大模块，电子商务基本理论、电子商务商业模式、电子商务技术与安全、网络营销与运营、电子商务应用与趋势。各部分思政教学方法及手段如下。

## （一）电子商务基本理论

教学方法上课内以讲授与案例为主，课后以小组讨论、扩展阅读为主。通过学习电子商务发展历程和趋势，掌握国家"互联网＋"战略；通过对比国内外电子商务发展历程和典型案例，了解中国特色社会主义市场经济的特点。

## （二）电子商务商业模式

教学方法上采用线上线下混合的教学形式，课上以案例分析与讨论为主，课外以线上慕课学习、扩展阅读为主。通过学习电子商务框架、B2B、B2C、C2C商业模式等知识点，培养学生系统思维、创新意识，学会思辨，理解科学发展观，培养艰苦奋斗、不畏困难的创业精神。

## （三）电子商务技术与安全

教学方法上采用线上线下混合的教学形式，课上以案例分析与讨论为主，课外以线上慕课学习、扩展阅读为主。通过电子商务技术的案例和时事（华为5G、北斗导航系统等），培养学生的科学精神、创新思维，突出强调中国青年要有创新意识。将习近平总书记关于网络安全、数据安全的系列讲话融入课程知识点讲授，同时讲授电子商务法律事件、案例，使学生深刻理解电子商务行业的职业精神和职业责任感，培养学生遵纪守法、诚实守信的职业品格和行为习惯。

## （四）网络营销与运营

教学方法上采用线上线下混合的教学形式，课上以案例分析与讨论为主，课外以线上慕课学习、扩展阅读为主。在授课时，融入讲仁爱、重民本、守诚信、崇正义、尚和合、求大同的思想精华和时代价值，教育引导学生富有中国心、饱含中国情、充满中国味，强调电子商务运营符合中国特色社会主义核心价值观，培养学生以正确的科学发展观分析问题。

## （五）电子商务应用与趋势

教学方法上课内以讲授与案例为主，课后以小组讨论、扩展阅读为主。通过新媒体、新零售、移动商务等电子商务新模式的学习，培养学生的理解新发展理念。通过跨境电商学习，增强学生"四个自信"。通过电子商务项目策划，培养学生科学思维，形成电子商务的战略思维、系统思维、创新思维。通过对项目指导培养学生规则意识、认真细心的工作和学习态度。

# 四、"课程思政"教学实施的具体案例

## （一）思政内容选材与教学设计

在电子商务技术与安全模块，选取移动商务关键技术北斗卫星导航系统为思政素材。从北斗卫星导航系统概述、建设初期的困境、发展历程与现状、技术性能、系统应用五个方面组织教学案例，使学生通过对案例资料的学习，掌握北斗系统的发展历程、技术及应用情况，更重要的是使学生了解北斗系统研发过程中国制造和中国创新的力量，增强民族自信心和自豪感。

## （二）教学实践

### 1. 课前准备

在课前向学生发布案例内容，并要求学生自主查阅相关内容进行更深入的自主学习，给学生布置如下思考问题。

（1）我们身边有哪些与北斗有关应用？

（2）北斗系统的研发在电子商务领域有哪些应用和启发？

（3）从北斗系统的研发看为什么自主创新以及如何创新？

## 2. 课上讨论与总结

通过课前思考提问，然后引导学生就上述问题开展讨论。

最后，注重从技术发展对于移动商务模式创新的意义、北斗系统作为世界领先导航技术对于中国式现代化的意义、自主创新对于国家发展的意义和大学生自我价值实现的意义三方面进行总结。使学生更好地理解和掌握移动电子商务技术相关知识点，并且培育家国情怀，培养创新意识。

（1）移动电子商务的一个基础是定位技术，很多商业模式都依赖再定位技术，特别是 O2O 模式延伸出来的创新模式。

（2）北斗系统目前是全球领先的卫星导航技术，反映了我国在通信技术领域处于全球的领先地位，有一定的话语权，同时也体现了习近平总书记提出的构建人类命运共同体理念。具体表现在以下几个方面。

①技术水平：北斗系统采用了先进的卫星导航技术，包括高精度定位、双向时分多址、星间链路等技术，确保了系统的高精度、高可靠性和高安全性能。同时，北斗系统还具有短报文通信功能，为用户提供双向通信服务，这在某些应用场景下具有很大的优势。

②覆盖范围：北斗系统覆盖范围广泛，不仅覆盖中国本土，还包括亚太地区和部分全球范围。这为用户提供了广泛的导航、定位和授时服务，有助于提升中国在全球导航卫星系统领域的影响力。

③服务能力：北斗系统可以提供高精度、高可靠的定位、导航和授时服务，适用于不同领域的应用，如交通运输、公共安全、农业等。此外，北斗系统还提供了短报文通信服务，为用户提供了更多的信息交流渠道。

④开放性：北斗系统致力于向全球用户开放服务，已经与国际卫星导航系统实现了兼容与互操作。同时，北斗系统也积极开展国际交流与合作，促进了全球卫星导航领域的发展。

⑤创新性：北斗系统在技术、应用和服务等方面具有一定的创新性。例如，北斗系统采用了有源和无源两种定位方式，为用户提供了更多的选择。同时，北斗系统还在智能交通、物联网等领域进行了探索和应用，推动了相关领域的技术创新和发展。

（3）自主创新是当今国家战略，也是国家对于大学生综合素质的要求，是实现自我价值的重要途径。自主创新的意义主要体现在以下几个方面。

①提高自主创新能力：北斗系统的自主创新意味着我国在卫星导航领域具备了自主研发和创新能力，不再完全依赖其他国家的卫星导航系统。这有助于提升我国在全球卫星导航领域的地位和影响力。

②保障国家安全：卫星导航系统是国家安全的重要组成部分，自主创新的北斗系统能够保障我国在关键时刻的导航安全，避免受制于其他国家的限制和干扰。

③促进经济发展：卫星导航系统在交通运输、智能制造、农业、渔业等领域具有广泛应用，自主创新的北斗系统能够推动相关产业的发展，促进我国经济的持续增长。

④推动科技创新：北斗系统的自主创新涉及多项先进技术，如卫星技术、导航算法等。通过研发和推广北斗系统，有助于推动相关领域的技术创新和进步，提升我国科技创新的整体实力。

⑤服务全球用户：北斗系统不仅服务于中国用户，还致力于为全球用户提供定位、导航和授时服务。自主创新的北斗系统能够推动全球卫星导航领域的发展，为全球用户提供更准确、可靠、便捷的导航服务。

## 3. 课后思考

课后要求学生根据讨论和自己的思考，继续查阅相关材料，深入理解北斗导航系统的技术原理、应用领域以及自主创新的意义所在，思考未来基于北斗导航系统的应用创新，以及大学生如何通过创新实现个人价值以及为社会作出更多贡献。

# 五、教学效果

## （一）思政目标成效

通过与课程知识点以及相关的案例、时事等使学生了解国家政策、国情世情，增强学生自信，提高学生创新意识，加深对中国特色社会主义核心价值观的内化；通过课程实验、项目策划等实践环节，培养学生的规则意识和端正的处事态度。

## （二）知识目标成效

通过课前慕课学习—课堂互动式讲授—课后扩展阅读以及案例学习的三段授课模式，极大地提升了学生自我学习的主动性和参与度，学生对于知识点的理解更为透彻，对于电子商务底层逻辑更为清晰。

## （三）能力目标成效

通过采用互动式教学、案例分析、启发式教学等教学方法，结合线上线下翻转课堂，有效提升了学生运用电子商务理论发现问题、分析问题和解决问题的能力，提升了电子商务创新能力，实现知识传授与能力培养的有效统一。通过实验和项目策划实践环节，提升了学生的动手开展电子商务应用的实践能力。

## （四）素质目标成效

基于小组讨论、文献阅读等教学手段，学生的思维能力、团队精神和表达能力得到充分锻炼。通过参加三创赛、"互联网＋"大赛等双创赛事，能有效地培养学生的创新能力和职业素养。

# 六、教师感悟

本课程"课程思政"教学的特色是从中国电子商务的长期发展和实践出发，在教学中不断地积累课程思政教学素材，通过线上线下混合式教学、案例教学、扩展阅读、学生讨论等教学手段，强调学生以自主学习为主的重要性，引导学生树立正确的人生观、价值观和世界观，使学生了解中国国情和国家政策、厚植爱国主义情怀和爱国主义精神、增强民族自信心和民族自豪感、富有创新创业精神。

"课程思政"建设需要系统化、体系化，需要持续建设，不断积累。因此，在思政教学设计上，一方面，需要在课程总体的知识体系框架下，合理地组织课程思政教学资源；另一方面，要及时跟踪国家社会经济发展动态，与时俱进，实时补充和更新课程思政教学资源。

**参考文献**

[1] 郭斐，张小红，刘万科，王甫红. 黄劲松卫星导航原理课程思政教学设计与教学方法研究 [J]. 测绘通报，2023（S1）：82 – 86.

[2] 施梅超，覃宇环，江鑫铭. 精准思政和沉浸式渗透的经管类专业课课程思政融合路径研究——以《港口物流》课程为例 [J]. 物流科技，2024（5）：181 – 184.

[3] 阎瑞华，陈红梅，闫瑞峰. 新文科理念下一流课程思政改革实践策略研究 [J]. 黑龙江教师发展学院学报，2024（5）：65 – 67.

# "公司战略与风险管理"课程思政教学典型案例

王　昱

## 一、课程基本情况

　　"公司战略与风险管理"课程，是一门会计学专业方向课程，教学总学时为48学时。本课程聚焦战略管理、公司治理和风险管理三个模块讲授公司战略与风险管理的核心理论、基本方法和实务前沿，兼顾解读我国注册会计师（CPA）考试同名科目考试大纲要点。通过课程学习，学生能够认识战略与风险管理对公司治理的重要性，掌握并运用战略分析、战略选择和战略实施的基本方法设计战略管理过程，结合公司的内部治理结构与外部治理机制思辨公司治理问题，综合风险管理的流程、技术与方法为公司风险的识别与管理提出可行对策。本课程旨在训练学生的战略思维和风险意识，培养学生的战略决策能力、公司治理能力和风险管理能力，提升学生对战略实务问题的敏感性、研判分析的专业性和CPA考试同名科目的备考信心，培育执业本领过硬、职业操守坚定、职业素养深厚的战略与风险管理人才。

## 二、"课程思政"教学整体设计思路

　　本课程的思政教学，注重引导学生从社会主义核心价值观出发，科学辨析战略管理、公司治理和风险管理的实务问题，回归思政主体本位，统筹公司问题导向下的纵向思政与横向思政、意识思政与言行思政。本课程通过思政教学，鼓励学生基于四个意识理解公司使命；结合世情、国情、党情和民情进行战略分析与风险识别；从中华优秀传统文化典籍中汲取解读中国情境下公司获得可持续健康发展的战略选择与公司治理的根本要义；在四个自信中提高守正创新的战略规划能力和风险管理水平；承起时代责任，严守职业道德，成长为德才兼备、善学善行的公司战略与风险管理领域的担当力量。

# 三、"课程思政"教学方法

本课程思政教学的"术"，注重授课对象的学情特点，系统整合传统课堂与数字化教学方法，根据 Z 世代们的学习需求和习惯，正其心、诚其意，提高其作为思政主体的本位意识和行动自觉。本课程通过"星火计划"将"思政种子"沁入案例中对公司战略与风险管理的理论前沿与实务热点进行分析，连点成面地推动多维全息的课程思政培育，围绕实务中公司进行战略管理、公司治理和风险管理的"为什么、是什么、怎么样"，结合思政案例和情境的课程设计，引导学生通过"课前蓄势、课中成势、课后行势"的全过程沉浸式思政训练，推动学生完成"我被思政→我想思政→我来思政"的角色转变，进而达到思政与课程的神形和合。

# 四、"课程思政"教学实施的具体案例

## （一）案例说明

第一章　战略与战略管理

第一节　公司战略

1. 公司战略的定义

2. 公司的使命与目标

3. 公司战略的层次

选择"2. 公司的使命与目标"进行课程思政设计，旨在培养学生立足社会主义核心价值观来建构中国情境的公司战略思维；坚定四个意识指导下的使命担当，为新时代本土公司的战略创新提供中国心的驱动力。

## （二）具体设计

### 1. 课前"蓄"势

首先，通过教学互动平台发布思政种子任务和辅学资源。通过视频资源和问答设置，引发学生对课堂授课内容的兴趣，引导学生主动思考"公司因何而存在?""公司是什么?""公司应当是什么?"等系列递进问题，引导学生聚合对公司使命的关注。其次，汇总学生反馈进行学情统计、分析和前筛，发现一成左右的学生没有在规定时间完成预习任务，一成左右的学生有独立的思考和见解；大部分学生倾向用盈利刻画公司，或者按教材内容给出作答，对公司本质的思考深度不足，尚未形成正确的财富观和公司战略意识。最后，分类思考反馈，锁定思政种子的奇点和盲点，完成课前思政的"蓄"势。

### 2. 课中"成"势

（1）起势。总结、点评蓄势阶段的思政完成情况，对TOP10%予以领航激励，对END10%进行怠思预警。树立思政标杆，鼓励学生向三观端正、勤勉高效、独立思考和守正创新的同学学习，认识懈怠低效、拾人牙慧的弊端，进而反省自己课前蓄势的不足，养成立足四个意识看公司内外世界的习惯；引导学生加深对公司使命的理解层次；以分组方式引导学生组团冥思，完成本堂课主题的"起势"。

（2）明势。对比历届开放性思政种子的优秀作答，启发学生对公司应该"为什么"、可以"是什么"、还能"怎么样"的系统认知和深度思考，嵌套时政和实务热点的引申案例，解读中国晋商千年传承的使命情怀，结合当代中国情境下家国天下的典范企业，经由《大学》《论语》《管子》等中华优秀传统文化典籍中阐明的使命要义的深度讲解，引导学生主动归纳出"公司使命和目标"的思政要点、提炼出思政主题，帮助学生通过自主思考完成对公司"为什么、是什么、怎么样"的侧写，从而让思政种子发芽，达到"明势"。

（3）成势。在（1）和（2）的基础上，回归理论规范，从目的、宗旨和经营哲学明确对公司使命的金字塔架构和目标体系，通过系统规范地讲解知识点、演示模型原理，配合即问即答和随检随练来检验学生对公司使命和目标知识点的理解和掌握程度，考查学生学以致用的应用意识和能力，以紧凑高效的课堂设计协助学生完成对公司应当"是什么"的深度思政共鸣，从而完成该知识点思政情境的构建。在此基础上，通过知识图谱和案例的引申，结合分组讨论和辩答，让思政种子的萌芽不断抽条，引导学生主动探寻公司使命可以"怎么样"，并组团合作完成公司使命的思维导图，进而促发学生自觉思辨当代青年作为社会主义建设者和接班人的光荣使命；鼓励学生认识到把握时代机遇的紧迫性，珍惜大学时光，做好职业规划，坚定四个意识和四个自信，立大志、明大德、成大才、担大任，从而完成本课程思政主题的"成势"。

## 3. 课后行势

下课前明确课后复习要点，平台同步推送课后任务辅助资源，引导学生借助课堂思政主题的成势固本培元，及时复盘课堂上对公司使命思政学习的思与用。课后随机抽选各分数段5%的学生进行本节课程学习反馈，总结其随堂学习和思政的堵点和难点，并在线上及时跟进辅导解惑。根据"成势"的评估，设计个人任务和小组任务，鼓励学生收集、整理和汇报随堂所学，在公司实务具体应用的过程中完成从"我在思政"到"我来思政"的转变，使学生主动挖掘公司使命、国家使命和个人使命的延伸思政，促成本课程思政主题的"行势"。

# 五、教学效果

根据课前蓄势的思政反馈，90%左右的学生能自主认领到符合自身学情特点的思政种子，10%左右的学生没能完成蓄势任务，20%左右的学生完成得较敷衍，70%左右的学生能够在这一过程中完成对公司使命的首度认知，思政种子扎根率达到预期。经由课中的"起势"，80%左右的学生能够准确发现自己在蓄势期的不足，20%左右的学生能够主动进入"我在思政"的阶段，锁定本课程的思政要点，思政种子萌芽率较高。随着"明势"的推进，90%左右的学生能够基于四个意识正确理解公司的目的、宗旨和经营哲学，能够立足社会主义核心价值观理解公司目标，完成对公司使命知识点的深度认知，燃起"我来思政"的意识；思政种子抽芽率符合学情特点。进入"成势"，95%的学生能够客观思辨公司使命，正确评价国内外案例公司使命和目标的优势与不足；80%的学生能够完成对自身使命的映射，明确其当下和未来的责任。全班已基本形成有核有面的抱团思政局面，例如，图1展示了部分学生团队基于中华优秀传统文化对公司使命和团队使命的理解与表达，一定程度上反映了思政种子长势良好。学生课后积极参加专业资格考试、参赛、参创，也是将本课程对公司使命的意识思政落实于言行思政的体现。

# 六、教师感悟

"公司战略与风险管理"课程的内容，对大学生而言是陌生、遥远和晦涩的。知识点、理论和方法层面的学习，术业有专攻，让学生理解和掌握起来并非难事；但学生若想真正看清公司现象背后的真相，能够消化所学，正

**图1　"我来思政"驱动下的抱团思政实例节选图**

确及时地为公司提出可行的战略与风险管理之策，不仅需要扎实的专业知识、过硬的执业能力，更需要有坚定的职业操守。因此，在大学生对公司战略与风险管理的初见阶段厚植思政种子；在认知阶段，全程全息沁入式引导、培育和辅助，推动学生回归思政主体本位，从"我被思政"进阶到"我来思政"，才是难事。然而"路虽远行则将至，事虽难做则必成"，通过"课前蓄势、课中成势、课后行势"的课程思政设计和实践，希望本课程孕育的思政之势，能帮助学生跳出公司战略与风险管理的西学框架，重归国学本体，形成对公司战略与风险管理问题本然和应对之策的正确认知，坚定为人做事中四个意识和四个自信的使命担当认知，帮助学生在拔节孕穗阶段着好中国人的底色和骨色。这是一个久久为功的双向奔赴过程，期待同心同向同力同行。

## 参考文献

［1］姜付秀．公司治理：基本原理及中国特色［M］．北京：中国人民大学出版社，2022.

［2］谢鑫，张红霞．大学何以使学生立志——高校教育支持对本科生人生目标感的影响研究［J］．中国高教研究，2022（1）：76-82.

［3］杨国栋，马晓雪．新文科视域下课程思政与知识传授融合的基本逻

辑与实现路径［J］．高校教育管理，2022（5）：96－105.

　　［4］杨微．"公司战略与风险管理"课程思政体系建设——基于应用型人才培养目标的背景［J］．教育教学论坛，2022（35）：149－152.

　　［5］中国注册会计师协会．公司战略与风险管理［M］．北京：中国财政经济出版社，2023.

# "内部控制原理与实务"课程
# 思政教学典型案例

周守亮

## 一、课程基本情况

### (一) 课程简介

"内部控制原理与实务"课程是一门会计学专业任选课,教学总学时为36学时。本课程主要从理论与实务层面,对企业内部管理制度、内部控制标准、内部控制规范进行分析与说明,强调内部控制实施是对企业各项管理制度的整合。本课程主要内容包括内部控制基本理论、内部环境、风险评估、控制活动、信息与沟通、内部监督、业务活动控制等。通过对本课程的学习,学生能够理解企业内部控制制度的设计目的与实施过程;能够运用企业内部控制规范分析企业的运营情况并确定存在各项风险;能够运用风险评估方法明确业务管理的核心环节和重要风险,采取具有针对性的控制活动,并对内部控制体系进行评价,进而降低企业面临的风险水平、保障企业运营目标的实现。

### (二) 课程目标

目标1(思政目标):通过了解内部控制方面的前沿知识及理论框架,结合国家建设和民族复兴的新时代背景,及时掌握社会经济发展对单位内部控制体系建设与运行的基本需求,了解会计类相关工作进行内部控制的重要性,培养学生在会计工作中遵循全面性、制衡性、重要性、适应性等工作原则，树立投身科学研究和技术创新的远大理想，增强家国情怀与文化自信，弘扬爱国主义精神，强化责任担当意识，激发建功立业使命感。

目标 2（知识目标）：能够掌握内部控制的概念与目标，运用内部控制框架和内部控制规范分析企业的内部环境、风险现状、控制活动、监督活动等问题，建立企业内部控制体系分析框架。

目标 3（能力目标）：具备针对企业资金业务、采购业务、资产业务、销售业务等管理业务建立内部控制体系的能力，能够运用风险评估方法明确业务管理的核心环节和重要风险，采取具有针对性的控制活动，并对内部控制体系进行评价。

目标 4（素质目标）：具备基本的财务业务融合的职业素养，理解内部控制的思路与范式，获得复杂管理环境下的风险分析工具，判断业务管控的可行性和有效性。

# 二、"课程思政"教学整体设计思路

## （一）强调职业道德与社会责任

在课程教学中，通过案例分析和讨论，引导学生思考企业内部控制与风险管理中的道德问题，培养学生的爱国责任观、社会责任观和职业责任观，积极挖掘内部审计课程中的责任意识元素，并将其融入课程的讲授，积极引导学生主动进行思考与实践，真正实现教师知识传授与价值引领，即全方位的教学育人体系。

## （二）增强法治观念

结合国家政策与法规，将国家政策和法规融入教学内容，使学生了解内部控制与风险管理在国家治理中的重要作用，增强学生的法治观念。立足立德树人的教育根本目标，结合现实案例，将思政元素的"养分"渗入课程本身，培养专业扎实、技能精湛、素质较高的审计人才。

### （三）培养团队合作与创新能力

组织学生进行小组讨论和项目实践，安排案例学习内容，要求学生在课后分组进行讨论研究，并在课堂上进行成果展示。通过这一方式激发学生的学习兴趣和课堂参与度，培养学生独立思考的能力以及团队合作意识，提升学生的创新创造能力，让学生能够在学习与实践的过程中领悟专业价值和人生道理，实现自我教育，构建"思政引领＋实践启发"的课堂模式。培养学生的团队合作和创新能力，鼓励学生积极思考和探索。

## 三、"课程思政"教学方法及手段

本课程的主要难题在于其内容和教材多以法律规章、规范性文件等内控相关内容为基础，以条文形式呈现，高度概括了企业的经营实践，这使得课程整体理论性较强。因此，在授课过程中需要穿插案例讲解，不然不仅无法真正解释清楚规范和指引的内容，也难以激发学生的学习兴趣。

课程思政的教学强调"润物无声"，因此需要将专业知识的显性教育与思想政治的隐性教育高度融合。本课程在开展思政教学时，以"教学模块"和"知识点"为单元，将"思政元素"与课堂教学活动进行融合。每一章都有导入案例，通过各类企业实务案例或热点问题引发学生对本章内容的思考，培养学生"提出问题—分析问题—解决问题"的专业素养和实践能力。同时，每章内容后配有对应主题的思政园地，凝练概括了本章主要的思政教学目标，将思政教育融入课程各环节、各方面，实现立德树人、润物无声。

此外，授课过程围绕理论阐述、实践操作和案例分析三条主线，通过大量企业实践案例的引用与讲授，尽量将企业现实情况"搬进课堂"，形成理

论教学与实践应用的有机结合。当单纯的案例介绍难以凸显知识点和其中的
思政元素时，利用情境教学法，设计和再现教学情境，将知、情、意、行融
成一个整体，从而使学生通过"感知"来理解和深化"认知"。

所以，在进行本课程的思政教学设计时，我们非常注重案例教学的融入，
以"理论—实践—案例"为线索，遵循"目标—风险—控制"的逻辑，将大
量企业实践案例素材"引入课堂"，实现理论教学与实践应用的有机结合，
从以下三个方面落实课程思政教育理念。

（1）案例分析与讨论选取具有代表性的案例，组织学生进行分析和讨
论，引导学生从道德、法律等多个角度思考问题。让学生拥有法律意识、红
线意识、拥有责任担当、拥有文化自信与制度自信，引导学生廉洁自律。

（2）项目实践与团队合作安排学生组成小组，进行内部控制制度设计或
风险管理方案制定的实践项目，培养学生的团队合作能力。

（3）多媒体教学与在线平台运用多媒体教学手段，展示丰富的教学资
源；利用在线平台，促进学生之间的交流与互动。

# 四、"课程思政"教学实施的具体案例

在内部控制环境的教学中，我们将以"内部控制环境"为教学内容，详
细阐述如何将"课程思政教学整体设计思路"具体落实到教学过程中。

首先，在课程的导入部分，我们可以通过一些实际的企业案例，引发学
生对于内部控制环境重要性的思考。例如，可以介绍一些由于内部控制环境
不佳导致企业面临风险和失败的案例，或者分享一些成功企业在内部控制环
境建设方面的经验和做法。通过这些案例，引导学生认识到内部控制环境对
于企业的重要性，同时也培养学生的风险意识和责任意识。

其次，进入课程的主体部分，详细讲解内部控制环境的概念、构成要素以
及其对企业风险管理的影响。在讲解过程中，可以穿插一些与思政教育相关的
内容，如企业社会责任、职业道德等。例如，在讲解内部控制环境的构成要素

时，可以强调企业文化的重要性，引导学生思考如何培养积极向上的企业文化，以及企业文化与社会主义核心价值观的关系。在讲解职业道德时，可以通过案例分析，让学生明白遵守职业道德的重要性，培养学生的诚信意识和职业操守。

为了帮助学生更好地理解和掌握知识，可以组织学生进行小组讨论或案例分析。例如，给出一个具体的企业案例，让学生分析该企业的内部控制环境存在哪些问题，并提出改进建议。在讨论过程中，鼓励学生充分发表自己的观点，引导学生从不同角度思考问题，培养学生的团队合作能力和创新思维。

在课程的总结部分，可以再次强调内部控制环境的重要性，并对学生的讨论和分析进行点评和总结。同时，可以结合课程内容，引导学生思考如何在今后的学习和工作中践行思政教育的要求，如树立正确的价值观、遵守职业道德、积极承担社会责任等。

最后，可以布置一些与课程内容相关的作业或思考题，让学生在课后进一步深入思考和学习。例如，让学生撰写一份关于内部控制环境建设的报告，或者让学生思考如何将思政教育融入自己的专业学习和未来职业发展。

通过以上教学设计，我们将"课程思政教学整体设计思路"具体落实到内部控制与风险管理课程的教学中，使学生在学习专业知识的同时，也能够得到思想政治教育的熏陶和引导。这样的教学方式不仅可以提高学生的学习兴趣和参与度，也有助于培养学生的综合素质和职业素养，为学生的未来发展打下坚实的基础。

# 五、教学效果

通过"课程思政"教学，学生不仅掌握了内部控制与风险管理的专业知识，还增强了职业道德意识和社会责任感。

学生在项目实践中展现出较强的团队合作能力和创新精神，部分学生的实践成果以论文形式尝试了发表。

教学督导对"课程思政"的融入给予了高度评价，认为这种教学方式有助于提高学生的综合素质。学生也反馈在学习过程中深刻体会到了职业道德的重要性，并表示会在未来的工作中积极践行。

# 六、教师感悟

在"内部控制原理与实务"课程后续思政教育的推进过程中，必须紧紧扎根于我国的现实状况，不断完善和优化课程目标。坚定不移地贯彻立德树人的根本任务，倡导以德立身、以德立学、以德施教的教育理念，树立"价值塑造、知识传授、能力培养、智慧启迪"的全方位育人观念，秉持"爱党爱国、专业素养、工匠精神、全面发展"的育人标准。始终坚持以思政引领为核心，充分发挥科技赋能的作用，积极探索多元化的创新课程育人模式，以实际行动践行教书育人的神圣职责和初心使命。

关于如何更好地挖掘思政元素与专业知识的结合点，以及如何进一步提高学生的参与度和主动性，仍需不断探索和改进。要不断加强教师自身的思政素养，深入研究思政元素与专业课程的融合方式；创新教学方法，激发学生的学习兴趣和主动性。

## 参考文献

[1] 方红星，池国华. 内部控制 [M]. 5 版. 大连：东北财经大学出版社，2022.

[2] 李维安，戴文涛. 公司治理、内部控制、风险管理的关系框架——基于战略管理视角 [J]. 审计与经济研究，2013（6）：3 – 12.

[3] 刘永泽，唐大鹏. 关于行政事业单位内部控制的几个问题 [J]. 会计研究，2013（1）：57 – 62.

[4] 王清刚. 内部控制与风险管理 [M]. 北京：北京大学出版社，2020.

[5] 张庆龙. 新编行政事业单位内部控制建设原理与操作实务 [M]. 北京：电子工业出版社，2017.

# "国际商务谈判"课程思政
# 教学典型案例

罗　鹏

## 一、课程基本情况

国际商务谈判是财经类院校商科专业普遍开设的一门课程,是培养国际商务人才的重要课程之一。在国际经济与贸易专业是一门专业核心课,在市场营销专业课程中名称为沟通与谈判,是一门专业选修课。此外,管理专业中也开设了诸如管理沟通等类似课程。该课程主要针对本科大二或大三学生开设,32~48学时。国际商务谈判涵盖国际商务谈判的一般程序、各阶段谈判策略的制定、谈判技巧和语言的运用、谈判的组织与管理以及谈判礼仪的有关知识,是一门综合性、技巧性、艺术性及实践性很强的课程。通过对本课程的学习,学生能够掌握国际商务谈判的基本原则以及谈判策略和技巧,能够在今后的谈判实践中随机应变、灵活运用,提升国际商务谈判的沟通与表达能力、团队合作能力、分析问题、解决问题的能力以及涉外经贸工作的适应能力。此外,本课程还能培养学生具备开阔的全球化视野和宽容的跨文化沟通能力,能深刻理解中国的国情、社情、民情,具有敏锐的经济学直觉、理性的双赢思维、浓厚的家国情怀和全球使命感,未来能够胜任在国际组织、政府部门、外贸企业、科研机构等的工作。

# 二、"课程思政"教学整体设计思路

涉外类课程的人才培养要与全球政治、经济、贸易形势紧密结合,不断调整。根据人才培养的新标准和新要求,本课程结合国际商务谈判课的教学内容和教学特点,深入挖掘并提炼出内容上与思想政治教育的融合点与融合方式,从创新教学方法、优化人才培养、建设教学团队、建立健全思政考核和反馈机制等方面开展课程的思政建设,与思想政治理论课程同向同行,形成协同效应,提高学生的思想水平、政治觉悟、道德水平、文化素养,实现学生的全面发展。设计路径见图1。

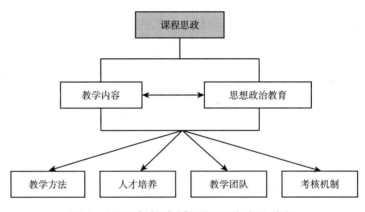

图1 国际商务谈判课程思政建设路径

# 三、"课程思政"教学方法及手段

首先,要将国际商务谈判的课程内容与思政教育相结合,为此,必须深入挖掘课程各个知识点项下的思政元素,见表1。

**表1** **"国际商务谈判"课程各知识点的思政元素**

| | 知识点 | 思政元素 |
|---|---|---|
| 1 | 国际商务谈判概述 | 结合中国同世界主要国家的进出口贸易案例,引导学生认识涉外商务沟通的意义与挑战,理性判断中国在世界舞台上的政治经济地位,激发学生的爱国热情以及中华民族伟大复兴的使命感,唤起学生对专业和课程的兴趣 |
| 2 | 谈判项目的组织和管理 | 在谈判项目的组织与管理方面,选人、用人极其重要。谈判小组负责人及成员要有强烈的思想政治意识,要有组织纪律观念,要有较强的业务能力,树立钻研奋进的钉子精神、精益求精的品质精神、追求卓越的进取精神以及严谨审慎、求真务实的工作作风 |
| 3 | 谈判前的准备工作 | 结合当前的国际市场形势,引导学生"凡事预则立,不预则废"的理念,使学生领悟准备工作的重要意义以及外贸从业人员所承担的组织责任和社会责任 |
| 4 | 国际商务谈判策略 | 培养学生和谐共赢、诚信友善原则,以文明、包容、自信的态度创造和谐的谈判氛围。拓宽知识范围,加强自主学习,提升专业素养,掌握国际贸易规则,在职业发展中积极参与新时代中国特色社会主义贸易强国建设 |
| 5 | 国际商务谈判思维与沟通 | 了解不同思维方式的特点,理解并尊重谈判对手的谈判风格和思维方式,心怀同理心,多角度看待问题,培养包容的态度,能够在谈判过程中以合作大局为重,求同存异 |
| 6 | 国际商务谈判礼仪 | 培养学生多维度、多视角分析和研究各国的谈判礼仪和谈判风格差异,使学生能够内强素质,外强形象,增强文化自信、民族自豪感和使命担当 |
| 7 | 国际商务谈判签约 | 理解签约阶段的重要性,在此阶段要充分发扬传统文化中庸、含蓄的特点,通过友善和平的方式结束谈判,认真对待合同,提高契约精神及诚实守信意识 |

其次,在上述知识点与思政元素融合的基础上,结合以下几个方面将思政教育具体落实到授课的每个环节中。

## 1. 创新教学方法

除传统的理论讲授方法外,增加精心挑选、切中主题的案例分析、主题讨论、课堂展示等环节,加强师生互动,提升学生参与课堂的积极性,提高学生思考问题、分析问题、解决问题的能力，使学生在思考中学习，在学习中感悟，在感悟中总结，在总结中实践，在实践中优化，形成良性循环的学习模式。

### 2. 优化人才培养

通过课程内容与思政教育内容的有机结合，引导学生充分认识涉外商务沟通的意义与挑战，感受中国经济的发展速度，感受中国力量，理性判断中国在世界政治经济舞台中的地位，激发学生的爱国热情以及中华民族伟大复兴的使命感，提高学生的思想水平、政治觉悟、道德水平、文化素养，实现学生的全面发展。

### 3. 建设教学团队

要想提高学生的思想政治水平，建设一支政治素质优良的高水平教师团队至关重要。教师要加强自身的思想政治修养，保持高度的思政意识和教学改革意识，树立正确的世界观、人生观和价值观，要充满活力、富有激情，高标准、严要求，发挥示范和导向作用，坚持以"立德树人"为核心，培养德智体全面发展的高素质涉外商务人才。

### 4. 健全考核机制

课程考核是考查学生对知识掌握程度的关键环节，教师需要设立灵活多样、适用可行的考核机制，这既包括对学习过程的考核，也包括对学习结果的考核，还可以鼓励学生自主挖掘思政元素，并在课堂上进行展示，对此，教师在给分上要有所倾斜，以鼓励其自主学习及创新行为。

## 四、"课程思政"教学实施的具体案例

以上述知识点2（谈判项目的组织和管理）为例，商务谈判人员的选拔要贯彻政治素质至上原则。这部分内容可以采用"讲解＋案例分析"方法。

首先，教师阐述人员的选拔标准和要求；其次，抛出精心准备的针对性较强的范例，让学生思考、分析，并表述自己的观点，以此加深学生对涉外商务交往中具备思想政治素质的重要性的理解和认识，提高教学效果。

## （一）国际商务谈判中对谈判小组成员的选拔要求

由教师阐述国际商务谈判中对谈判小组成员的选拔标准和要求，这包括知识、能力和素质（对小组负责人的选拔标准还包括其在企业或组织中的权威性）。其中，素质包括政治素质、思想素质、道德素质、心理素质、身体素质以及业务素质等，如图 2 所示。在这些选拔标准中，不管是谈判小组负责人，还是主谈人以及陪谈人，都应该将政治素质排在最重要的位置上，这里的政治素质是指在涉外商务合同中必须坚守的忠于祖国、忠于组织、忠于职守、遵纪守法、廉洁奉公，积极谋求企业利益目标的实现，而不是个人的利益目标。

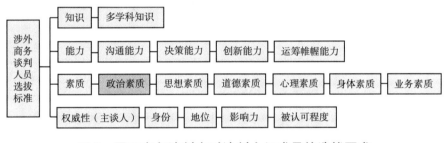

**图2　国际商务谈判中对谈判小组成员的选拔要求**

## （二）案例分析与互动：中日技术引进谈判

### 1. 教师抛出案例

【案情】上海某出口贸易公司与一家日本进口商谈判一批商品的出口贸易。这家日本公司带来的一位中文翻译，是上海去日本工作的男青年。而上海这家外贸公司使用的日文翻译是一位上海籍的女青年。整个谈判过程进行得很艰苦，因为日本商人开价很低。经过几个回合的商谈，双方开出的价位仍然差距很大，这笔生意还是没能敲定下来。

谈判过程中，日方从中方女翻译的言谈举止中观察到，她对到日本工作而担任日商翻译的男青年非常羡慕。于是日商心生计策，要己方的男翻译在谈判休息时主动接近这位女翻译，表示他愿意为这位女翻译到日本学习提供担保以及路费、学费、生活费在内的所有费用，条件是这位女翻译必须把中方对该商品的底价全部透露给他。这位女翻译经不起诱惑，出卖了全部机密。

在接下来的谈判中，日商完全掌握了谈判的主动权，用中方内部的底价买下了这一批商品，狠狠地大赚了一笔，而上海这家外贸公司则获利微薄。当然，这位做着出国梦的女翻译好梦不长，她刚拿到护照就因事情败露而银铛入狱，断送了自己的前程。[①]

## 2. 学生分析

学生们先进行现场讨论，然后以小组或个人形式阐述对案例的理解和分析以及带来的启示。同学们普遍表达的观点是，很多涉外课程的内容上老师都会强调商务人员需要具备政治素质，但并没有意识到政治素质的真正含义与重要意义，通过此案例同学们对具备政治素质有了新的理解和认识，忠于祖国、忠于组织、忠于职守、遵纪守法不是一句空话、套话，在巨大利益诱惑面前坚守政治底线，积极谋求企业利益目标的实现，而不是个人的利益目标至关重要，它代表的不是个人形象，而是企业和国家的形象。

## 3. 教师总结

在涉外沟通与合作中，在复杂的全球政治经济环境下，各种诱惑无处不在，而政治素质是考验身处其中的涉外商务人员的一把利剑。谈判小组成员必须树立正确的人生观、价值观、世界观，能够正确处理与谈判有关的国家、企业和个人利益之间的关系，不能为了一己之利损害国家和企业的利益、损害国家和企业的形象。

---

① 龚荒. 商务谈判——理论·策略·实训［M］. 3 版. 北京：清华大学出版社，2022.

# 五、教学效果

## （一）教师的思想政治觉悟不断提高

教书育人，教师先行。要想提高思政教学效果，实现思政教育与课程知识点多角度、全方位的自然融合，教师必须不断提高自身的思想道德修养和思想政治意识，在政治立场、政治方向、政治原则、政治道路上始终同党中央保持高度一致，践行高等学校教师师德规范，努力成为一名信仰坚定、学识渊博、理论功底深厚、家国情怀浓、严格自律、有使命、有担当、为人师表的优秀典范。

## （二）学生对课程内容的掌握和专业的热爱不断提高

有国内学者研发了一套测试商务谈判能力的调查问卷，30 道问题中包含了对国际商务谈判人员知识、能力和素质的测试，以百分制计算。这套经典的测试问卷被广泛使用于授课前、授课中及课程结束后，用来动态检测学生们谈判能力的变化。通过问卷测试，100% 的同学在谈判能力、分析问题、解决问题的能力方面均比授课前有所提高。

在期末大作业中，同学们在总结本课程带给他们的思考和感悟时表示，深刻体会到商务谈判在实际生活和工作中的重要性，以及学习和提高商务谈判技巧的必要性。通过学习，同学们改变了对商务谈判的认识和态度，懂得了涉外交往中必须坚守的底线和原则，学会了在涉外交往中要以辩证、发展的眼光看待问题，与外商合作要坚守双赢理念，坦诚相待、平等互利、充满自信，能够妥善处理沟通过程中遇到的错综复杂的风险、策略、利益关系等问题，面对冲突和挫折不抛弃、不放弃，懂得控制情绪、冷静思考，为未来成为合格的涉外商务人员打下坚实的基础。

此外，在与同学们的日常交流中，同学们表示，通过学习增加了对本课程乃至本专业的理解和学习的坚定性，懂得了国际商务沟通应遵循平等互利、互通有无的原则，能够理性判断中国在世界政治经济舞台上的地位，由之前的惧怕与外商沟通转变为坚定、自信、积极、主动，面对外商真诚坦率、不卑不亢，从而大大提高了业务能力和职业素养。

# 六、教师感悟

教师是教育一线的实践者，也是思政教育的关键因素，教师要坚定不移地将思政教育理念和改革创新精神贯彻到教学工作的各个环节，要为人师表、以身作则，要因势利导、因材施教，感受时代赋予我们的重任，用一言一行潜移默化地影响学生，充分发挥学生的主观能动性和学习的积极性，引领学生在学业和思想上共同成长。

## 参考文献

［1］陈慧，刘洋. 案例教学在思政课中的应用及效果评估［J］. 教育探索，2021（2）：85 - 88.

［2］韩鹏，陈杰. 课程思政的深化与拓展：从理念到实践［J］. 思想理论教育导刊，2022（8）：106 - 110.

［3］李明，赵红. 基于学生主体性的思政课实践教学模式创新［J］. 思想政治教育研究，2022（1）：98 - 102.

［4］刘涛，周梅. 思政课程与专业课程融合的教学实践探索［J］. 高等工程教育研究，2021（4）：142 - 146.

［5］孙丽，王琳. 思政课程与专业教育融合的路径研究［J］. 思想理论教育导刊，2023（6）：110 - 113.

［6］吴华，陈婷. 思政课程改革背景下的教学创新与实践［J］. 中国高教研究，2023（1）：62 - 66.

# "宏观经济学"课程思政教学典型案例

赵　辉

## 一、课程基本情况

"宏观经济学"是经济学相关专业的学位课程。开课设置在大二上学期,课程教学总学时为48学时。通过对本课程的学习,学生能较系统地掌握宏观经济学的基本理论和基本研究方法,理解宏观经济政策的理论基础。能够理论联系实际,将宏观经济学理论与中国经济实际相结合,对宏观经济现象能够作出分析判断,在研究中国经济现象中培养爱国主义情怀和坚定"四个自信";能够对中国经济发展和世界经济趋势作出分析判断;能够在未来从事经济分析和相关业务工作时正确分析宏观经济背景,为正确决策提供依据。

## 二、"课程思政"教学整体设计思路

"宏观经济学"课程开展课程思政的总体思路在于,根据人才培养的新标准和新要求,以中国改革开放后的经济发展进程为背景,深入挖掘能够与宏观经济学知识点和教学内容相结合的经济发展成就和宏观政策调控案例,运用文献阅读、案例分析、视频资料观看与讨论等形式,充分利用多媒体资源,丰富教学内容,将知识学习与思政引导有机融合,提高学生的道德修养、政治觉悟、文化素质，帮助学生建立中国特色社会主义道路自信、理论自信、制度自信和文化自信。

宏观经济学课程思政教学整体设计思路如图1所示。

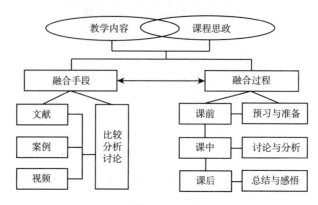

**图1 宏观经济学思政教学整体设计思路**

# 三、"课程思政"教学方法及手段

宏观经济学的内容与社会经济生活紧密相关。在课程教学中，将宏观经济理论和分析方法与各个知识点的思政元素相结合，不仅能有助于学生对知识的理解，引起学生对课程的兴趣，更能够通过对国家经济建设成就和宏观调控政策效果的关注，激发学生的爱国热情和社会责任感。

各章节的主要教学内容与结合的思政要点见表1。

**表1 "宏观经济学"课程教学内容与对应思政要点**

| 教学内容 | 思政要点 | 结合手段 |
| --- | --- | --- |
| 宏观经济数据 | 通过对改革开放后我国宏观经济数据的观测，让学生认识到深化社会主义市场经济对我国经济发展的促进作用，培养学生的理想信念、价值取向、政治信仰和社会责任 | 资料、视频与数据观察 |
| 长期经济：封闭经济 | 通过对国民收入决定问题的分析和扩展，培养学生对国家长期经济发展政策的关注，突出中国化经济学"原理"引领学生践行社会主义核心价值观 | 视频资料 |

续表

| 教学内容 | 思政要点 | 结合手段 |
|---|---|---|
| 长期经济：小型开放经济 | 介绍经济全球化进程中我国的经济发展和国际影响力，明确改革开放对我国经济发展的巨大促进作用，树立社会主义市场经济发展理念 | 视频资料、分析与讨论 |
| 超长期经济 | 从经济增长理论出发，结合我国高速经济增长的经验，分析我国经济建设取得的成就，激发学生的爱国主义热情、自豪感与使命感。树立中华民族伟大复兴的坚定信念和为之努力奋斗的决心 | 对比比较分析与讨论 |
| 短期经济：IS－LM 模型与AD－AS 模型 | 培养学生用经济学的学科思维方法分析宏观经济运行，理解历次经济波动背后国家的政策和效果，将学科知识与社会实践相结合，理解国家战略和相关政策，培养学生经世济民的职业素养和投身社会主义建设的热情 | 案例分析与讨论 |
| 短期经济：蒙代尔—弗莱明模型 | 介绍开放条件下宏观经济波动对一国经济的影响，通过对历次经济波动中国家宏观调控的政策的分析，理解国家的国际担当，树立爱国主义情怀 | 视频资料、案例分析 |
| 短期经济：通货膨胀与失业 | 由通货膨胀与失业的权衡取舍关系，引入我国在宏观调控中取得的成绩，理解在经济繁荣稳定背后国家政策的支持。激发学生的爱国主义热情、自豪感与使命感 | 案例分析与讨论 |

为了更好地将思政内容融合到教学中，在教学手段和教学过程中都需要作出相应的调整，充分利用多种教学手段，在融合手段和融合过程中，进行不断创新，实现线上与线下相结合的教学模式。

在思政教学融合手段上，可以通过引导学生阅读文献、收集数据、典型案例或者观看视频的形式，将思政内容呈现给学生，再结合原理或理论进行比较、讨论分析。

在思政教学融合过程上，采取课前、课中、课后相结合的全过程学习，实现对思政材料、课堂时间的有效利用。课前，通过布置阅读资料、预习任务的方式，引导学生进行预习和准备。课中，在原理和理论讲授中引入思政教育的内容，并让学生进行讨论和分析，做到理论与经济运行实际相结合，引起学生的学习兴趣以及对宏观经济的关注。课后，结合课堂内容和思政资料，适当布置小论文或小组作业，对学习和讨论内容进行总结梳理，加强学生对经济建设成就的感悟。

# 四、"课程思政"教学实施的具体案例

以"宏观经济数据"第3学时为例，课程思政的教学实施过程如表2所示。

表2　　"宏观经济数据"第3学时课程思政教学实施案例

| 教学环节/过程 | 教师活动 | 学生活动 | 多媒体教学 | 思政融合手段与设计意图 |
|---|---|---|---|---|
| 课前布置 | 布置学生按小组在国家统计局网站下载并整理1980年至今的GDP数据、经济增长率数据阅读当年度政府工作报告 | 对数据整理并进行简单分析 | 雨课堂发布任务 | 通过数据让学生直观感受到数据背后的综合国力增强 |
| 2分钟前次课内容复习与回顾 | 复习GDP的含义；提出前一次课上的预留的问题：GDP用市场价值来衡量，存在什么问题 | 思考并回答 | 开启弹幕，学生弹幕留言 | 锻炼学生主动思考，培养学习基本素养 |
| 3分钟课堂互动和引入教学 | 随机选取一个小组的数据，利用相邻年份GDP数据，计算经济增长率，并与公布的经济增长数据比较；引出本次课重点内容：实际GDP与名义GDP | 思考并分析 | PPT数据展示 | 锻炼学生主动思考，培养学习基本素养 |
| 20分钟理论讲授、课堂习题和理解应用 | 讲授：名义GDP与实际GDP的含义；GDP平减指数练习：计算并分析讲解二者的差异及在统计数据中的体现；数据资料：2010年中国名义GDP超过日本名义GDP，成为世界第二大经济体 | 完成习题：计算并分析 | 雨课堂发布习题 | 在讲授中引用当年度政府工作报告，让学生认识到深化社会主义市场经济对我国经济发展的促进作用，培养学生的理想信念、价值取向、政治信仰和社会责任，建立文化自信，明确新时代中华民族伟大复兴的使命担当 |

续表

| 教学环节/过程 | 教师活动 | 学生活动 | 多媒体教学 | 思政融合手段与设计意图 |
|---|---|---|---|---|
| 10 分钟理论讲授 | 讲授：经济增长率对比分析：中印经济增长对比 | 思考并分析 | 视频：改革开放经济成就；或当年政府工作报告数据解读视频 | 运用中国与其他国家经济表现的对比分析，激发学生的爱国主义热情、自豪感与使命感。树立中华民族伟大复兴的坚定信念 |
| 5 分钟分析与比较 | GDP 衡量经济的不足；介绍绿色 GDP | 学生发言，列举案例说明 | PPT 图片展示 | 对比我国经济发展过程中曾经存在的不足和当前的高质量发展理念，结合科学发展观、"绿水青山就是金山银山"，树立学生的社会责任感，培养学生关注宏观经济、关注社会生活，培养学生的家国情怀 |
| 5 分钟总结与强调；后续内容引入 | 本部分重点内容强调；通过 GDP 平减指数引出 CPI | | PPT | 承上启下 |

# 五、教学效果

宏观经济学课程思政的主要目标在于两方面：一是将思政引导和价值观塑造融入宏观经济学课程，与学生的政治思想品德培养产生协同效用，从专业知识的角度产生立德育人的作用。二是在传授经济学理论和思想政治教育相融合的过程中，将理论知识内化于心，提高学生职业素养，提高学生在新时期对新知识、新技能的应变能力，具备运用宏观经济学理论分析中国经济发展内在逻辑的能力。

在学校听课记录课程评价中，思政融合是重要的考查方面。在"宏观经济学"课程中融入思政教学，教学案例和政策分析围绕中国经济发展历程，学生易于理解，很多情况都会感同身受，力求做到讲好、讲透、讲懂中国故事，学生接受度更高。在课后作业中，能够体现出学生对中国经济建设成就的关注和对经济建设的思考，提高了分析能力和职业素养。

# 六、教师感悟

师者，传道、授业、解惑。在宏观经济学教学中，要能够系统运用中国特色社会主义理论分析中国经济发展道路和成功经验，将社会主义核心价值观贯穿在课程教学的全过程，向学生弘扬社会主义思想道德，真正做到引领学生树立正确的价值观，做到价值引领、知识传授和能力培养相统一。

深入推进思政教学的过程中，要求授课教师不断深入思考、理性分析，以身作则，教学相长，用言行影响学生。今后的课程建设中，还需要充分利用各种新技术、新途径，通过线上线下互动教学，组织学生开展更丰富的研讨活动，结合重大宏观经济时事，把小课堂与大社会结合起来，让学生的视野走出课堂，走出校园，关心国家、社会，胸怀家国天下，成长为能够为国家经济建设、社会发展作出贡献的栋梁之材。

**参考文献**

[1] 高宁，王喜忠. 全面把握《高等学校课程思政建设指导纲要》的理论性、整体性和系统性网 [J]. 中国大学教学，2020 (9)：17-22.

[2] 李淑. 思政元素融入西方经济学教学探索 [J]. 高教论坛，2021 (3)：20-22.

[3] 李伟.《宏观经济学》课程教学要点与思政元素结合的教学设计——

以总供给总需求模型为例［J］．经济资料译丛，2022（2）：80－84.

　　［4］邴健，李梓毓，杨晓丹．宏观经济学课程思政元素的挖掘及其融合探究［J］．对外经贸，2021（2）：120－123

　　［5］王琼，秦汉雨．经济学课程思政目标、路径与效果评价［J］．湖北经济学院学报（人文社会科学版），2023（1）：141－144.

　　［6］王晓军，刘加林．课程思政融入宏观经济学课程教学的探索［J］．高教学刊，2021（20）：110－113.

# "电商视觉设计"课程思政
# 教学典型案例

姜义颖

## 一、课程基本情况

"电商视觉设计"是市场营销专业本科学生的专业选修课；是电子商务运营过程的实现通过视觉设计传达营销意图，实现销售目的的方法论。教学总学时为40学时（理论学时24，上机学时16），2学分。通过本课程学习，要求学生掌握电商视觉设计的基本原理、基本思想、基础知识和基本方法（知识目标）；掌握拍摄技巧和方法，掌握使用 PS 设计 Banner 图片、店招、商品详情页（能力目标）；学会将电商视觉设计的知识用于电商运营活动中，提高学生实际操作和解决实际问题的能力（素质目标）。

## 二、"课程思政"教学整体设计思路

在设计思政案例教学时，遵循贴近学生生活、能够引起学生共鸣的原则，最终确定了"当老字号成为潮流新星，抖音电商'遇见好国货'助国货再突围"这一案例。在选定案例后，结合品牌视觉设计展示原则这一相关知识点，深度挖掘思政育人的两个目标：一是梳理学生履行时代赋予使命的责任担当，激起学生执着奋斗的爱国情怀；二是加强学生自身专业素养与规范修养，将自身专业发展与国家发展紧密结合到一起，爱岗敬业，无私奉献。

根据思政育人目标，进行案例设计与实施。

（1）观看纪录片《崛起的国货》之《崛起的国货：复兴之旅》片段。

思考问题：《崛起的国货》着重记录国货从无到有、摸索找寻自身发展道路阶段的行业和品牌的过程，表现满怀信念、奋力逐梦的矢志与决心。请问：在先进技术理念的加持下，国货品牌正努力焕发前所未有的生机，这是时代赋予中国品牌的使命与责任。作为当代大学生，我们应如何努力，助力国货走出中国，走向世界？

（2）无领导小组讨论。要求小组中每个人都积极踊跃发言，深入讨论。

# 三、"课程思政"教学方法及手段

## 1. 教学思路

本课程通过内容讲解、图片展示、案例分析和视频播放等方式讲解相关知识，同时结合课前预习、翻转课堂及课后任务布置，用任务引领的方式培养学生自主学习、合作学习、探究学习的学习能力。

## 2. 教学方法

为了突出重点突破难点，达到本课程设定的教学目标，主要采用以下教学方法。

（1）直观演示法：利用图片等手段进行直观演示，激发学生的学习兴趣，活跃课堂气氛，促进学生对知识的掌握。

（2）活动探究法：引导学生通过创设情景等活动形式获取知识，以学生为主体，使学生的独立探索性得到充分的发挥，培养学生的自觉能力、思维能力、活动组织能力。

（3）集体讨论法：针对学生提出的问题，组织学生进行集体和分组讨论，促使学生在学习中解决问题，培养学生团结协作的精神。

# 四、"课程思政"教学实施的具体案例

## （一）案例名称：当老字号成为潮流新星，抖音电商"遇见好国货"助国货再突围

（1）所属课程章节：第二章 品牌视觉（第一节 品牌形象设计展示）。

（2）主要融入的思政元素：2023 年 2 月，中共中央、国务院印发的《质量强国建设纲要》中指出，要开展中国品牌创建行动，保护发展中华老字号，提升自主品牌影响力和竞争力。国家政策的指引为国货品牌们打上了一支"强心剂"，国货品牌们自身也积极行动，在不断提升产品竞争力的同时，积极通过各类营销活动进行品牌建设，扩大品牌影响力。国庆节前，众多品牌在抖音电商自发开展"国货团建"，在这里"国货一家亲"不再是一句单纯的口号，众多国货品牌在直播间一起"串门"联动，通过确定品牌定位和受众目标、设计独特的视觉风格、强化品牌故事和价值观、注重动态交互与响应式设计等方式，在抖音等电商平台收获海量曝光和销量增长，并成功出圈引发全网国货热潮。

## （二）案例介绍*

习近平总书记强调，要引导民营企业和民营企业家正确理解党中央方针政策，增强信心、轻装上阵、大胆发展，实现民营经济健康发展、高质量发展。① 随着中国经济的发展，新国潮文化逐渐成为年轻一代对时尚和文化独特追求的代表。新国潮品牌以创新设计、本土文化与国际元素相融合等特色

---

　* 资料来源：当老字号成为潮流新星，抖音电商"遇见好国货"助国货再突围［EB/OL］. https：//finance. ynet. com/2023/11/30/3699802t632. html.

　① 实现民营经济健康发展高质量发展［EB/OL］. https：//www. gov. cn/xinwen/2023 - 03/25/content_5748251. htm.

赢得广泛关注，为中国创意产业和创新经济注入源源不断的活力。

20世纪80年代初期，郁美净推出了我国首款儿童护肤用品，让"搽香香"融入中国儿童的生活习惯。然而，在20世纪90年代由于护肤品市场发生巨大变化，郁美净难以适应，导致销售额急剧下滑，由曾经的年度销售额320万元下滑到严重亏损，甚至面临破产。

痛定思痛后，郁美净开始改革创新，加快引进先进的技术、设备和科研人才，全面提升产品研发能力，拓展产品类型，建立起原料、工艺、检测、临床研究、评价全链条的研究体系，先后推出了儿童、成人、彩妆等多个系列产品，品种达到上百个。郁美净虽然在线下产品方面不断推陈出新，但是，在线上销售方面发展缓慢，难以形成线上品牌效应。直到2023年8月才拥有了自己的微博账号，而且关注度非常低，粉丝数量仅有几千人，互动人数寥寥无几。

2023年9月，郁美净注册了抖音账号，第一条视频文案写着："郁郁来晚了！年纪大了，有点跟不上。"令人意外的是，靠着这条朴实无华的视频文案，郁美净官方抖音账号粉丝数量迅猛上涨，一夜之间涨粉8万多。随后，郁美净开启了直播带货，带货首秀当天，粉丝踊跃互动，董事长史滨现身直播间与粉丝互动，并为了感谢粉丝即兴表演了一段优美的舞蹈，再给账号涨粉32万，一度登上抖音微博双热搜。截至2024年5月，郁美净官方抖音号粉丝量已超过100万。[①]

首场直播带货获得成功后，郁美净也找到了流量密码，迅速开启了与蜂花、鸿星尔克、莲花味精等国产品牌的联动。通过抖音直播间各个品牌联动，郁美净在平台的流量快速提升。国产品牌通过平台上的联动，形成了相互力挺的局面：鸿星尔克抖音直播间播放着蜜雪冰城主题曲，主播喝汇源果汁、吃白象方便面等。网友们调侃："剧里的商战阴暗爬行，现实的商战在抖音团建。"同时，汇源果汁、大白兔、娃哈哈、隆力奇国产品牌也通过连麦、走秀等形式在直播间相互力挺，轮番上阵。国产品牌平台直播联动，不仅提升了舆论热度、关注度，而且获得了可观的流量和销售额。其中，郁美净已在平台上

---

① 资料来源于抖音短视频平台郁美净官方旗舰店账号粉丝量。

架了 50 多种产品,一口气卖掉了 6 万多单宝宝霜;蜂花 2 天带货 2500 万元。

消费者对于国产品牌线上销售表现出极大的热情,虽然有"儿时记忆"的情怀和消费冲动的因素,但是,其根本原因是国产品牌质量的全面提升以及消费者的消费习惯改变,尤其是随着国货曝光度的提升,人们已经意识到国产商品的性价比更高。

以往,国产品牌发展缓慢,传统的观点认为是经营理念陈旧、转型不成功,这确实是一种现实原因,但是更多是由于国产品牌与外资存在体量差距。面对跨国资本的来势汹汹,国产品牌无论是在宣传、渠道以及体量方面都无法与之相抗衡,市场被严重瓜分,营业额严重缩水,不得不变成"童年回忆"。1999 年入世谈判在北京落槌时,创立了杉杉品牌的服装巨子郑永刚就曾感叹:"ZARA 到你家门口怎么办?你能和他媲美吗?不可能!"①

随着新媒体时代到来,短视频和直播带货成为主流,以其低成本、个性化、互动性和精准性强、传播迅速等特点打破了传统渠道的限制和代际鸿沟的束缚,为国产品牌发展开辟了新赛道。国产品牌依靠其物美价廉的优势能够与现代消费习惯有效衔接,实现了直播间交易订单的迅速爆发。国家和不少地方相继出台意见推动老字号转型发展,加快提高数字化在生产和销售中的赋能作用,营造更加便捷高效的消费新场景,让老品牌焕发出新活力。例如,抖音电商发起了"遇见好国货"行动,通过采用成熟的短视频和直播技术方案,让国货品牌重新焕发青春。

据商务部监测,85% 左右的中华老字号企业处于盈利状态,2022 年近 35% 的企业年销售额超过 1 亿元,突破 1000 万元的占七成以上。在各大平台直播的老字号近 350 家,2022 年直播场次超过 5 万场,成交额超 35 亿元,较 2019 年增长超 5 倍。

伴随国货品牌走进短视频直播间,电商消费新趋势出现了,国货品牌迎来了全新发展机遇。

---

① 郑永刚. 产业是我回乡的通行证,纳税 20 多亿,杉杉靠实体经济回馈宁波 [EB/OL]. http://finance. ce. cn/rolling/201804/02/t20180402_28690318. shtml.

## （三）教学方法与手段

### 1. 教学思路

本课程通过内容讲解、图片展示、案例分析和视频播放等方式介绍相关知识，同时结合课前预习、翻转课堂及课后任务布置，用任务引领的方式培养学生自主学习、合作学习、探究学习的学习能力。

### 2. 教学方法

为了突出重点突破难点，达到本课程设定的教学目标，主要采用以下教学方法。

（1）直观演示法：利用图片等手段进行直观演示，激发学生的学习兴趣，活跃课堂气氛，促进学生对知识的掌握。

（2）活动探究法：引导学生通过创设情景等活动形式获取知识，以学生为主体，使学生的独立探索性得到充分的发挥，培养学生的自觉能力、思维能力、活动组织能力。

（3）集体讨论法：针对学生提出的问题，组织学生进行集体和分组讨论，促使学生在学习中解决问题，培养学生团结协作的精神。

### 3. 教学实施过程与指导策略

在本课程的教学过程中，教师以案例为主线，采用课堂提问—案例引导—教师精讲教材内容—课堂讨论—小组发言—教师总结的模式，注重师生间、学生间交流互动，最大限度地调动学生参与课堂的主动性与积极性。

（1）课堂互动提问。从大家目前使用的各类用品入手，进行简单的现场调查，了解一下同学们知晓的国货品牌情况。

（2）运用案例导入新课。上课伊始，教师引用《当老字号成为潮流新星，抖音电商"遇见好国货"助国货再突围》及其他视频，引导同学们了解如何利用电商视觉设计提升品牌形象。

（3）讲授新课。利用电商视觉设计提升品牌形象需要从多方面入手，包括确定品牌定位和目标受众、设计独特的视觉风格、优化产品详情页、统一的设计规范、动态交互与响应式设计、强化品牌故事和价值观以及定期优化与测试等。

（4）课堂研讨。结合所学理论及课程思政案例安排同学们分组进行头脑风暴思考："国货品牌的赋能升级，有哪些因素助力其发展？"（答案：一方面是因为国货品牌本身质优价美的属性和消费者的高度认同，国货市场潜力巨大；另一方面则是国货崛起，正顺应了近年来国家对国产品牌的扶持与期待）"直播电商助推国货品牌新发展的手段包括哪些？"（答案：确定品牌定位和目标受众、设计独特的视觉风格、优化产品详情页、统一的设计规范、动态交互与响应式设计、强化品牌故事和价值观以及定期优化与测试等）

（5）课堂小结。通过思维导图的方式，梳理品牌形象设计展示的相关内容；通过对本案例的学习，学生了解了品牌视觉呈现的设计原则，同时更深刻地理解了家国情怀，进一步了解了国家经济发展形势；通过专业的学习赋能国货新发展，电商平台需要围绕新经济业态、产品和消费者，进行全域兴趣电商模式的升级，以助力国货品牌实现全面数字化转型，最终推动国货产品走向高质量发展。

# 五、教学效果

教学过程中，坚持以学生为中心，突破传统多媒体加板书的单一模式，利用线上资源和智慧教学工具进行多种方法、多种形式、多种手段的灵活应用。教学实施分为课前、课上和课下三部分，课前发布预习内容或自学内容，课上进行重点和难点的讲解或翻转课堂，课下则通过作业进行巩固和拓展。灵活多样的混合式教学法，能更好地提升学生主动学习的能力，关注学生在课程中的收获，形成良好的"教"与"学"互动效果。本课程主要的改革与创新点如下。

1. 教学理念的改革

以 OBE 理念为引导，以学生为中心，转变教师角色定位，从过去学习资料的提供者转向学习资源的选择者和组织者。

2. 教学模式的改革

积极利用网络慕课资源和智慧教学工具、仿真实验等信息化手段，不断地丰富教学内容和教学形式，优化教学设计，调动学生学习的积极性，培养提高他们的综合能力。

3. 课程思政的融入

在教学过程中，注重将价值导向与知识传授相融合，在知识传授、能力培养过程中弘扬社会主义核心价值观，传播爱党、爱国、积极向上的正能量，构建以学校为主导、家庭为基础、社会全方位支持的贯通一体、开放协同的学习格局。

# 六、教师感悟

1. 有益之处

（1）通过介绍挖掘在追梦过程摸索、进步、坚守中的"成长的中国品牌故事"，以及我国知名的国货品牌崛起事迹，激发学生的家国情怀、使命担当和大国工匠精神，学生学习报国的学习热情更加高涨。

（2）通过引入学生非常熟悉的日常生产生活案例，形象生动，有效激发学生奋发学习和参与实践的热情，学生课堂发言与研讨更加积极，掌握和吸收专业知识更加深刻。

## 2. 不足之处与改进措施

（1）课程缺少企业导师的指导。电商视觉设计的课程实践性很强，可以邀请校外相关领域行业导师，到校指导，并结合创业经验及电商发展的情况，与学生进行交流互动。

（2）课程学时限制师生互动不足。由于课程学时所限，课堂上师生以及学生间互动研讨的时间不足，后续可以将研讨的题目提前布置给学生，并通过学习通、91速课等软件进行线上思政案例研讨，线下课程进行总结。

## 参考文献

［1］当老字号成为潮流新星，抖音电商"遇见好国货"助国货再突围［EB/OL］．https：//finance.ynet.com/2023/11/30/3699802t632.html.

［2］实现民营经济健康发展高质量发展［EB/OL］．https：//www.gov.cn/xinwen/2023-03/25/content_5748251.htm.

# "统计学"课程思政教学典型案例

## 李　颖

## 一、课程基本情况

　　"统计学"是高等财经类专业核心课程。授课对象为经济管理类专业的学生，教学总学时为 48 学时，其中包括 8 学时上机实验环节。本课程主要从基础理论、基本原理出发，对经济管理活动中的数据统计处理分析方法加以研究，总结经济管理中数据处理分析的基本思路。本课程的教学内容主要是数据统计研究的基本理论和方法，具体包括统计总论、统计调查、统计整理和统计分析方法。通过对本课程的学习，学生可掌握社会经济统计分析的基本理论和基础知识；掌握进行社会经济问题统计研究的分析方法；培养学生科学的统计分析思维方式，提高学生解决实际问题的能力。

## 二、"课程思政"教学整体设计思路

　　"统计学"课程教学以培养学生认真求实的科学精神、培育学生经世济民的职业素养、践行社会主义核心价值观、增强家国情怀与文化自信、强化责任担当意识、激发建功立业使命感为课程思政的总目标。整体设计思路如下。

## （一）挖掘思政元素

注重挖掘与思政元素相关的知识点，将思政教育有机融入"统计学"课程，让学生在掌握统计学知识的同时，潜移默化地接受思政教育。例如，在统计学介绍中，结合统计学发展史、统计学家事迹等，引导学生了解统计学在国家治理、决策支持等方面的重要作用，培养学生的社会责任感和爱国情怀。

## （二）设计教学环节

针对不同的教学内容和教学目标，设计相应的教学环节，引导学生关注社会问题。例如，对于实际应用案例，可以采用问题导向学习法，引导学生在社会调查、数据挖掘等活动的基础上分析问题、解决问题，让学生在实践中感受统计学的实际应用价值，培养职业素养。

## （三）整合教学资源

整合多种教学资源，包括教材、课件、网络资源、学术期刊等，使教学内容更加丰富多样，激发学生的学习兴趣，提高学生的学习效果。

## （四）注重反馈评价

在教学结束后，注重反馈评价。通过学生的作业、考试成绩、课堂表现等来评价教学效果。同时，关注学生对课程思政的反馈意见，不断调整和改进教学方法和手段，提高教学效果和学生的满意度。

# 三、"课程思政"教学方法及手段

在有机融入课程思政教育的基础上，"统计学"课程思政采用多种教学方法及手段相结合的模式。

## （一）案例教学法

选取具有代表性的真实案例，引导学生运用统计学知识分析、解决问题，同时强调案例中的思政元素，培养学生的社会责任感和道德素养。

## （二）问题导向法

设计贴近实际的统计学问题，让学生在解决问题的过程中自主学习、合作学习，提高他们的自主学习能力和团队协作精神。

## （三）混合教学法

结合线上和线下教学，利用网络平台和多媒体资源，开展线上测试、讨论和线下课堂互动的方式，使思政教育更加生动、形象。

## （四）实践教学法

引导学生进行实地考察、社会调查等活动，让他们亲身体验数据的来源和统计分析的应用，提高他们的实践能力。

### （五）互动教学法

通过课堂互动、小组讨论等形式，鼓励学生发表观点、交流心得，培养他们的批判性思维和沟通表达能力。

### （六）反馈教学法

及时给予学生反馈和指导，帮助他们了解自己的学习状况和不足之处，促进他们的自我反思和自我提升。

## 四、"课程思政"教学实施的具体案例

结合"统计指数分析""第三节 平均指标指数"90 分钟的教学内容，说明"统计学"课程思政教学的具体实施见表1。

**表1**         **"统计学"课程思政教学的具体实施**

| 教学环节 | 教学设计与教学内容（融入思政元素） | 教学活动 | 教学资源 |
| --- | --- | --- | --- |
| 课前作业 | 作业一：收集我国或某国家或地区过去几年的科技创新指数数据，以及其他相关数据，如研发投入、科研人员数量、专利申请量等。<br>作业二：复习统计综合指数的编制及算术平均数、调和平均数 | 学生收集相关数据<br>学生自主复习 | 网络资源<br>期刊<br>教材 |
| 课前回顾<br>5 分钟 | 一、统计指数的概念与分类<br>二、综合指数的编制 | 小测试；<br>教师点拨重点 | 雨课堂<br>PPT |
| 新课导入<br>5 分钟 | 引例：展示我国或其他国家或地区的科技创新指数数据和相关新闻。使学生了解统计指数的作用与意义，引出本课主题。<br>思政元素：引导学生思考科技创新与国家竞争力的关系，培养学生的国家荣誉感与使命感 | 结合课前作业提问"何为科技创新指数" | PPT<br>网络资源 |

| 教学环节 | 教学设计与教学内容（融入思政元素） | 教学活动 | 教学资源 |
|---|---|---|---|
| 新课讲授<br>45 分钟 | 一、加权算术平均数指数。由数量指标综合指数基本公式结合例题新条件，演绎推导加权算术平均数指数的公式，同时说明其适用条件。<br>思政元素：引导学生思考认识知识点之间的连贯性、系统性，学会运用已知推导未知，培养学生的科学探索精神。<br>二、加权调和平均数指数。由质量指标综合指数基本公式结合例题新条件，演绎推导加权算术平均数指数的公式，同时说明其适用条件。<br>思政元素：引导学生思考认识知识点之间的连贯性、系统性，学会运用已知推导未知，培养学生的科学探索精神。<br>三、平均指标指数的应用。介绍居民消费价格指数、农副产品收购价格指数、股票价格指数等主要指数的计算方法，并对照分析各种指数方法的适用条件，其中穿插各种指数应用的新闻，帮助学生了解其应用。<br>思政元素：培养学生善于思考、积极探索的科学精神，同时通过指数了解社会民情，引导学生关注民生福祉，培养学生的社会责任感和人文关怀精神 | 讲授与案例分析相结合，引导学生对问题进行思考与探索；<br>以提问的方式引导学生分析、总结不同指数的适用条件 | PPT<br>网络资源 |
| 课堂练习<br>30 分钟 | 实践操作：从科技创新指数看国家竞争力与青年责任<br>要求：利用课前收集的相关数据，运用本节所学统计指数分析方法，计算科技创新指数，并分析其变化趋势。探究科技创新指数与研发投入、科研人员数量、专利申请量等因素之间的关联性。<br>思政元素：通过分析科技创新指数与国家竞争力的关系，引导学生认识到提升科技创新能力对于增强国家竞争力的重要性，培养学生的国家荣誉感和使命感。强调青年一代在科技创新中的责任和担当，鼓励学生在学习和生活中积极关注科技创新，为提升国家科技创新能力贡献自己的力量。在数据分析过程中，强调科学精神和创新意识的培养，鼓励学生敢于质疑、勇于探索、善于创新 | 学生分组进行数据分析、讨论，结束后每组选派一名代表汇报分析结果。教师对学生的分析结果进行点评和总结 | 期刊<br>网络资源 |

续表

| 教学环节 | 教学设计与教学内容（融入思政元素） | 教学活动 | 教学资源 |
|---|---|---|---|
| 课堂小结<br>5 分钟 | 知识点梳理、总结<br>案例分析效果总结 | | PPT |
| 课后作业 | 完成教材后面相关的练习题目 | | 教材 |

# 五、教学效果

通过思政元素的挖掘及应用，将统计学专业知识与思政教育相结合，使学生在掌握统计学理论和方法的同时，培养了正确的世界观、人生观和价值观。通过引入与社会热点问题相关的统计分析案例，激发了学生对社会问题的关注，增强了他们的社会责任感和参与意识。在数据分析和解读过程中，强调数据伦理和职业道德的重要性，使学生更加明白在职业生涯中应遵循的道德规范和法律法规。同时，也鼓励学生通过数据分析对现实问题进行批判性思考，提高学生分析问题、解决问题的能力以及科学决策的能力。在小组讨论、案例分析等教学活动中，学生学会了与他人合作、交流和分享，提高了团队协作和沟通能力。通过多样化的教学方法和手段，提高了学生的学习兴趣和参与度，使教学效果得到显著提升。

总之，"统计学"课程思政教学在专业知识传授、思政元素融入、学生能力培养等方面取得了较好的预期效果。

# 六、教师感悟

"统计学"课程思政教学的采用，成功地将思政元素与统计学专业知识相结合，使学生在学习专业知识的同时，也接受了思政教育，提高了思想觉悟和道德素养。课程思政教学，不仅提高了学生的实践能力和解决实际问题的能力，培养了学生的专业素养，还提高了他们的社会责任感、团队协作能力、批判性思维等综合素质。多种教学方法、手段和资源的应用，增强了师生之间的互动，激发了学生的学习兴趣和参与度，提高了教学效果。

在未来的教学中，应进一步挖掘与统计学相关的思政元素，将思政教育与统计学专业知识有机融合，提高教学内容的匹配度和连贯性。根据学生的实际情况和教学内容，对教学方法、教学手段、教学资源进行灵活调整，持续关注学生的反馈意见和学习效果，以满足学生的学习需求，提高统计学课程思政的教学质量。

## 参考文献

［1］郝红霞．财经类高校统计学课程思政教学改革的探索与实践［J］．科教导刊，2023（14）：163 – 165.

［2］李洁明．统计学原理［M］．8 版．上海：复旦大学出版社，2021.

［3］张虎，肖磊．统计学专业课程思政的探索与实践［J］．中国统计，2021（6）：13 – 14.

# "运营管理"课程思政教学典型案例

杨文升　朱敏捷　闫菲菲

## 一、课程基本情况

"运营管理"课程是工商管理专业的核心课程，也是工商管理学科课程体系中一门基础性的、平台性的、概论性的课程。课程主要针对企业生产与服务过程，系统地介绍运营管理的基本概念、过程、主要工具和方法，使得管理学的过程和方法与企业经营活动更具体地联系起来。

本课程针对工商管理专业三年级学生开设，教学学时 48 学时，其中包括 8 学时上机实验课。

围绕思政目标、知识目标、能力目标和素质目标使学生能够深刻理解我国现代运营管理的核心思想和基本内容，了解国内外企业在运营过程、运营资源管理领域的新思想、新概念，掌握企业运营活动和资源的计划、组织、控制和改进的过程和方法，从总体上把握现代组织运营管理的系统知识，增强分析和解决实际运营管理问题的能力。

## 二、"课程思政"教学整体设计思路

### （一）重点分析：案例与课程内容的关联度

"运营管理"课程是关于运营管理相关概念、管理过程增值、运营效率提升以及相应的管理手段的系统化课程。选用的课程思政教学案例，都来源于我国知名企业成功运营管理的经典案例，涵盖传统运营管理到数字化技术时代的不同案例，使学生掌握企业经营的核心要素及运作方法，掌握时代变化的背景下如何开展具有中国特色的企业运营实践，掌握价值创造来源于企业的全部过程。

## （二）如何达成课程思政预期目标：采取适宜的教学方法和教学模式

采用探索发现式教学模式，具体模式为：铺垫导入—探索知识—鼓励创新—回顾总结—课后拓展。

## （三）如何完成课程任务：合理的教学设计

1. 做有情怀的专业课教学

在教授知识的同时，深入学生内心，帮助其塑造良好的人生观、价值观，描绘出对未来的美好愿景从而激发其向上的动力，使学生能够在专业课程的学习中感悟做事和做人的道理，心存正念。要做更有情怀的专业课教学。

2. 结合"案例"完善教学方法

3. 运用"互联网＋"创新教学手段

在授课的过程中不但继续沿用传统的"板书＋PPT"的教学方式，使学生对知识有了整体的了解，还充分利用网络资源，将思政元素进一步渗透其中，使学生在课余时间能够温故知新，汲取精神养料。

# 三、"课程思政"教学方法及手段

案例导入采用案例分析与启发式方法相结合的方式，通过设置疑问点，层层提问的方法，引出主要内容，并通过课堂讨论、参与式分析，加深学生对运营及价值创造的认识，提高学生学习兴趣，引导学生的思考。案例导入时间要适宜。在课程讲解到接近有关内容高潮时导入案例，从而提高课程思政的教学效果。以讨论为主，讲述为辅，提高学生的主动参与度；结合知识，润物无声，引导学生自发得出结论；当堂研讨，明辨笃行，结合时政热点组织讨论，注重实践效果。

使用图片、动画、视频等多媒体教学手段，使学生得到直观乃至近乎切身的感受。例如，通过观看《智能制造》《流水生产线》等纪录片，使学生印象深刻。同时，针对学生的特点，让学生参与到课程中，通过小组方式建立虚拟企业并模拟运营实践，让他们亲身感悟运营管理的技巧及规范，通过分组讨论、上台展示等方法，充分调动学生的学习积极性。

讲授课程思政内容时，通过引入国内知名企业的文化形成、价值观塑造、企业党建活动促进企业成长的多个案例，既要宣讲有关社会主义核心价值观等思政内容，还要注意与专业课程教学内容有机联系起来，使学生在受到专业教育的同时，思想上也得到升华。

# 四、"课程思政"教学实施的具体案例

## （一）案例的引出（10分钟）

### 1. 视频播放及案例回顾

认识身边的现代化企业供应链视角下增值的全过程，感受民族企业成长的历程和社会担当。

（1）任务发放：大杨集团智能制造和案例回顾（大杨集团为本专业认识实习签约单位）。

（2）主题讨论：讨论供应链视角下服装企业制造的特点有哪些？现代化企业在数字化技术背景下如何转型并快速增值？国外知名品牌如 ZARA 公司

运营特点是什么？企业运营追求的核心要素有哪些？

2. 课堂活动

（1）提问：企业长期经营并保持业绩增长的根本动因是什么？企业与社会的关系是什么？我国企业有别于国际企业的不同特征有哪些？

（2）提问：企业如何在 40 年间始终坚持扎根本土、发挥党团作用并形成自身的企业文化（以大杨集团为例进行分析）？

（3）提问：现代化企业如何深度融合数字化技术升级？

## （二）案例内容（30 分钟）

1. 企业运营中的文化建设与社会责任（10 分钟）

（1）授课内容：企业以追求利润为主，但是企业经营过程中需要把握好企业利益、员工利益、社会责任三者之间的关系，其中的纽带则是企业文化的形成和固化，好的文化使企业获得长久发展而不迷失方向，缺失企业文化或者不健康的企业文化都会导致企业最终失败。

（2）教学活动。

①案例分析：大杨集团有限责任公司深度剖析；华为技术公司的崛起。

②主题讨论。从努力做好一件事来分析一个企业、一个人的不断坚持和成长。

③元素融入：严细认真、坚持不懈、与时俱进的科学精神。以大杨集团"一群人、一辈子、一件事"企业文化以及以党建引领企业文化构建为融入点，融入个人信仰及品德，融入企业家应具备的社会责任感和历史使命感。大杨集团创立之初由 30 余名农家妇女自带家庭缝纫机组成，40 年来坚持做好服装制造这一件事，不断发展壮大成为全国服装企业的排头兵，员工爱集体，团结奋斗，及时融入新的数字化时代。

## 2. 运营与供应链管理的相关概念（20 分钟）

（1）授课内容：运营与供应链管理就是对企业生产交付的产品或服务的系统进行设计、运营及改进；掌握将购入的资源转化成顾客需要的产品的过程；掌握信息流动和物料流动的行程以及与整体运营的一致性；涉及的概念有制造战略范式、准时制和精益制造、服务质量和生产率、业务流程再造、可持续性和三角底线、业务分析；效率效果与价值。

（2）教学活动。

①案例回顾：引导学生回顾大杨集团下属制造工厂的管理和制造流程。

②重点分析：运营管理中涉及哪些重要环节？管理人员岗位和职责的划分。从剖析产品的增值过程来认识企业的增值过程。

③元素融入：人生的厚积薄发过程。企业的增值依靠其产品具有可用性并为顾客带来价值，产品的价值来源于制造过程的逐渐增加价值。而企业管理迈进现代化管理后越发追求科学管理，向管理要效益的理念越发突出，人们越发认识到应该重视价值的形成过程，通过过程改进促进成本降低、效率提高，同时也认识到价值的增加贯穿于全部制造过程。作为管理专业的同学，虽然不直接设计生产线，但是应该准确掌握优化管理的理念，从管理现代化入手提升企业的软实力。引导学生既要学习西方的先进经验又要学会如何发挥本民族的特色为企业发展助力。同时，引导学生应重视求学过程中每一阶段的知识积累，其本身就是逐渐增加个人的价值，要做到厚积薄发。

## （三）总结与课后拓展（5 分钟）

总结：通过本节的学习，学生对社会主义企业文化的建立、运营管理、供应链管理相关概念有了基本的了解，应在保证教学内容的同时讲好思政教学内容，使学生在接受专业课程背景教育的同时，思想上也得到升华。大杨集团、华为集团等民族企业成功案例能让学生感受到企业经营的社会责任，也正是众多这类有社会担当的企业才促成了我国改革开放以来的快速发展。

课后拓展：

（1）比较我国在运营管理方面与先进国家的差距在哪里。

（2）虚拟一个企业，描述运营特征并建立运营管理的框架结构。

# 五、教学效果

结合相关案例、视频、图片等，通过启发式提问、主题讨论、案例分析等授课方式引出要讨论的问题，向同学们企业运营管理的复杂性、系统性，并强调企业社会责任的重要性，同时要让同学们知道我们未来的任务异常艰巨，需要我们敢于拼搏、勇于创新，以及坚持爱国主义的思政目标。

（1）引导学生如何围绕民族复兴建立适宜的企业文化，充分认识到民族自强要有文化自信的有力引领。

（2）培养系统化分析问题解决问题的能力，重视价值创造来源于全部过程的所有环节，认识到流程的重要性，同时要努力掌握新兴科学技术，让新技术不断为企业管理赋能。

# 六、教师感悟

学生来到校园不仅仅是为了掌握专业知识，更需要心灵的净化，教师应该用切实的真心引导学生，弥补他们在大学以前的缺失。思政引导是一项长久的工程，不能一蹴而就，也不是枯燥的说教，用事实说话和感悟学生才会更有效果。

作为教师，必须首先融入国家建设，将自己置身于国家建设中并充分具备家国情怀，由此才能上好一堂生动的融入了思政元素的专业课程。

信息发达对教师是一个极大挑战，学生有丰富的想法，又会从多渠道获得信息，作为教师应该学会融入学生、了解他们的真实想法。教师还要学会与时俱进，更应该加强自身的学术和政治素养，以此在专业课程中成功地贯彻国家的大政方针，引导学生踏实地走上国家建设以及民族复兴的道路。

## 参考文献

［1］包菊芳．"生产运作管理"课程思政探索与实践［J］．物流技术，2021（7）：153 – 157．

［2］陈荣秋，马士华．生产与运作管理［M］．5 版．北京：高等教育出版社，2021．

［3］李永林，高金敏．基于新能源汽车的《运营管理》课程思政教学体系构建研究［J］．专用汽车，2024（4）：112 – 114．

［4］罗伯特·雅各布斯，理查德·B. 蔡斯．运营管理［M］．15 版．任建标，译．北京：机械工业出版社，2020．

［5］马风才．运营管理［M］．6 版．北京：机械工业出版社，2021．

［6］赵剑林，张立华．工商管理专业《运营管理》课程思政教学的问题与 对策［J］．洛阳理工学院学报（社会科学版），2022（5）：91 – 96．

# "微观经济学"课程思政教学典型案例

刘　旸

## 一、课程基本情况

"微观经济学"课程是经济管理类专业的核心课程。本课程教学内容基于 OBE 理念，采用案例教学、分组讨论等启发式教学模式，主要研究在市场经济条件下，单个经济单位的经济行为，论证市场机制的作用原理，从而解决社会资源的最优配置问题。本课程体系主要包括均衡价格理论、消费者行为理论、生产者行为理论、市场结构理论、生产要素理论和一般均衡理论六大模块。通过课程学习，学生能够掌握经济学的基本知识、基本理论和基本分析方法；能够运用经济理论分析实际经济问题、解读经济现象，逐步搭建经济学的思维，指导自己在工作、学习、生活和商业活动中作出最优决策。同时，本课程结合中国经济高速发展的时代背景阐述市场机制的运行规律，增强家国情怀与文化自信，弘扬爱国主义精神，强化责任担当意识，激发建功立业使命感，引导学生形成科学的消费观，践行社会主义核心价值观，鼓励学生深入社会实践、关注现实问题，培育学生经世济民的职业素养。

## 二、"课程思政"教学整体设计思路

首先，明确教学目标，包括知识目标、能力目标和素质目标。其中，知识目标包括掌握微观经济学的基本概念、原理和方法；能力目标包括培养学生的经济思维、分析和解决实际问题的能力；素质目标包括培养学生的社会主义核心价值观、经济伦理和职业操守等方面的素养。

其次，整合教学内容。分析微观经济学各个章节的教学内容，充分梳理、归类和整合，将思政元素有机地融入其中。例如，在讲解市场供求关系时，可以融入诚信、公平、正义等思政元素；在讲解企业行为时，可以融入创新、社会责任、可持续发展等思政元素。通过整合教学内容，使学生在学习微观经济学知识的同时，也能够深入理解和践行社会主义核心价值观。

再次，创新教学方法。通过采用案例教学、情景模拟、小组讨论等多种教学方法，引导学生积极参与课堂活动，提高学生的学习兴趣和主动性。同时，注重培养学生的独立思考能力和批判性思维，引导学生正确看待经济发展和社会问题。

最后，完善评价体系，包括对学生学习成果的评价、对教师教学效果的评价以及对课程思政教学整体设计的评价。其中，对学生学习成果的评价可以采用多种方式，如考试、论文、小组报告等；对教师教学效果的评价可以采用学生评价、同行评价等方式；对课程思政教学整体设计的评价可以通过专家评估、教学反馈等方式进行。通过完善评价体系，及时发现问题、改进教学，提高课程思政教学的质量和效果。

具体各教学模块思政元素提炼如表 1 所示。

表1　　　　　　　微观经济学各教学模块思政元素提炼

| 模块 | 主要内容 | 教学要求 | 学时 | 教学方法和手段 | | 思政元素 |
| | | | | 课内 | 课后 | |
| --- | --- | --- | --- | --- | --- | --- |
| 1. 均衡价格理论 | （1）经济学的产生及其研究对象<br>（2）供求及其均衡<br>（3）弹性及其应用<br>（4）价格控制与税收 | 明确认识经济学与其他学科思维方式的差别，逐步建立经济学思维；学会运用供求理论解释市场经济现象；评估政府政策效应，建立社会责任意识 | 10 | 讲授案例分析 | 小组讨论<br>做试题库习题 | 坚持马克思主义政治经济学基本原理，结合中国经济高速发展经验，突出"经济学原理"的"中国化" |

续表

| 模块 | 主要内容 | 教学要求 | 学时 | 教学方法和手段 课内 | 教学方法和手段 课后 | 思政元素 |
|---|---|---|---|---|---|---|
| 2. 消费者行为理论 | （1）无差异曲线和预算线<br>（2）消费者均衡及其变动<br>（3）替代效应与收入效应 | 能够运用无差异曲线和预算线分析消费者均衡；明确消费者理性选择的结果，理解从消费者行为到需求曲线的推导 | 8 | 讲授讨论案例分析 | 慕课线上学习<br>单元测验 | 通过对消费者最优选择问题的案例分析，引导学生理性消费，建立科学消费观和价值观，提升个人精神价值追求 |
| 3. 生产者行为理论 | （1）短期生产函数与长期生产函数<br>（2）最优生产要素组合<br>（3）短期成本曲线<br>（4）长期成本曲线 | 明确短期生产与长期生产的差别；运用等产量线和等成本线分析最优生产要素组合，解释生产者的理性行为；理清总量、平均量和边际量之间的定量关系和曲线关系，建立从生产到成本的逻辑架构 | 8 | 讲授案例分析 | 文献阅读<br>小组讨论<br>做试题库习题 | 讲解企业的性质时，从科斯定理出发介绍诺贝尔奖获奖者科斯，通过大师精神帮助学生树立投身科研、报效祖国的远大理想 |
| 4. 市场结构理论 | （1）市场结构划分<br>（2）完全竞争企业利润最大化决策<br>（3）垄断企业利润最大化决策<br>（4）垄断竞争企业利润最大化决策<br>（5）寡头企业利润最大化决策 | 能够掌握市场结构的划分方法；理解不同市场结构企业的生产定价决策；判断不完全竞争市场对社会福利的影响；运用博弈论方法分析寡头企业行为 | 10 | 讲授讨论案例分析 | 慕课线上学习<br>单元测验<br>做试题库习题 | 通过完全竞争市场均衡分析，培养学生形成探究性的学习方法：从严格的约束条件出发，获得结论，再释放条件，得出复杂条件下的结论。结合博弈论，认识诚实守信对人的一生及与人合作的重要意义 |

续表

| 模块 | 主要内容 | 教学要求 | 学时 | 教学方法和手段 | | 思政元素 |
| --- | --- | --- | --- | --- | --- | --- |
| | | | | 课内 | 课后 | |
| 5. 生产要素理论 | （1）完全竞争与要素需求<br>（2）要素供给<br>（3）劳动与工资<br>（4）土地与地租<br>（5）资本和利息 | 能够明确生产要素价格决定的一般原则；理解劳动、土地和资本三种要素价格决定的特点；运用产品均衡价格理论分析劳动、土地和资本三种要素的价格决定 | 4 | 讲授讨论案例分析 | 文献阅读<br>单元测验<br>做试题库习题 | 结合劳动要素市场，引导学生理解马克思主义政治经济学劳动价值论与微观经济学劳动价格决定的本质区别，更好地传承和发展马克思主义经济理论 |
| 6. 一般均衡理论 | （1）一般均衡<br>（2）竞争性均衡与经济效率<br>（3）公平与效率<br>（4）市场失灵 | 能够辨别局部均衡和一般均衡的异同；理解交换和生产的帕累托最优条件；理解效率与公平的关系；运用一般均衡理论，分析经济现象中的帕累托最优和帕累托改进问题；评估微观经济政策在市场失灵时的有效性 | 8 | 讲授案例分析分组展示 | 慕课线上学习<br>做试题库习题 | 结合市场失灵的原因，剖析个人道德素质和企业自律素质的重要性，引导学生理解国家对市场失灵行为采取措施的经济意义，培养学生的政治认同和制度自信 |
| 合计 | | | 48 | | — | |

# 三、"课程思政"教学方法及手段

## （一）教学方法

微观经济学课程思政的教学方法以讲授法和案例分析法为主，辅以小组讨论法、互动教学法和文献阅读法。

讲授法：教师课堂上进行重点内容和核心知识点的讲解，结合微观经济理论的六大模块，充分融入思政元素，培养学生的家国情怀和社会主义核心价值观。

案例分析法：通过分析现实生活中的经济事件，引导学生思考其中蕴含的经济原理，培养学生的政治认同和制度自信。

小组讨论法：以小组为单位针对某一经济现象或问题展开讨论，通过深入交流和讨论，培养学生的团队合作精神和批判性思维。

互动教学法：教学过程中，鼓励学生提问和发表观点，通过互动引导学生深入思考经济现象背后的逻辑，培养学生形成探究性的学习方法。

文献阅读法：对于经典的经济学理论，鼓励学生课后阅读相关文献，以经济学家的大师精神帮助学生树立投身科研、报效祖国的远大理想。

## （二）教学手段

微观经济学课程思政教学基于OBE理念，采用"个人学习＋团队合作"的线上线下混合式教学模式。通过引入经济事件案例分析，增加学生的感性认知，培养学生运用基本理论解决实际问题的能力；通过小组讨论及展示，搭建学生的经济学思维，培养学生的表达能力和团队协作精神；通过慕课、雨课堂等网络资源，锻炼学生的自我学习能力和探索精神；将思政要素融入理论教学全流程，突出经济学理论的中国化，实现理论学习、能力提升、价值塑造的三者融合。

# 四、"课程思政"教学实施的具体案例

（1）课程章节名称：第一章 第四节 弹性的应用。

（2）课程教学时间：1学时，45分钟。

（3）教学对象：金融学专业大一本科生。

（4）教学过程设计：思政教学单元设计如表 2 所示。

**表 2　　　"微观经济学"思政教学单元设计示例**

| 教学环节 | 教学内容实施 | 教学方法 | 教学设计意图 |
|---|---|---|---|
| 引例<br>（3 分钟） | 以新闻形式导入"我国 2023 年居民收入和恩格尔系数"，引出食物支出的收入弹性问题，以此回顾上节课关于各类弹性的概念和计算方法 | 案例分析<br>互动教学 | 1. 知识点回顾<br>2. 吸引学生了解国家发展现状，树立制度自信 |
| 前测<br>（4 分钟） | 雨课堂线上测试，学生手机作答，同步实现考勤功能 | 互动教学 | 了解学生对已学内容的掌握程度 |
| 学习目标<br>（3 分钟） | 1. 介绍本节课程总体内容框架<br>2. 重难点分布 | 讲授 | 1. 引导学生搭建逻辑架构，学习辩证思维<br>2. 重难点内容引起学生重视 |
| 内容讲授<br>（15 分钟） | 播放视频"谷贱伤农"，引导提问：<br>1. 为什么会产生这种经济现象？（引导学生从需求收入弹性的角度探讨）学生分组讨论后，教师通过板书画图解答<br>2. 如何解决？（引导学生考虑政府角色）<br>3. 教师拓展讲授政府举措，如最低限价收购过剩农产品、提供国家补贴，引入风险共担机制、疏通农产品销售渠道、培育新型农产品品种等 | 案例分析<br>小组讨论<br>互动教学 | 1. 通过分组讨论锻炼学生的思考能力和团队协作精神<br>2. 使学生深刻领会我国社会主义制度优势，干预市场经济运行的必胜心，增强学生对社会主义制度的认同感，帮助学生树立民族自尊心和自豪感 |
| 课堂讨论<br>（5 分钟） | 1. 教师设问：每年"双十一""618"等电商大促期间，国民消费热情和消费冲动一次又一次推向高潮，交易额更是成倍上涨，请运用需求的价格弹性分析这一现象<br>2. 学生通过雨课堂弹幕参与讨论<br>3. 教师解答并总结 | 案例分析<br>小组讨论<br>互动教学 | 通过总结购物狂欢中高校大学生群体表现出来的非理性消费行为，帮助学生认清超前消费、攀比消费和享乐消费存在的隐患，培养学生树立正确的价值观，引导学生树立理性消费观念 |

续表

| 教学环节 | 教学内容实施 | 教学方法 | 教学设计意图 |
|---|---|---|---|
| 内容讲授<br>（10 分钟） | 教师通过板书画图讲解实例：租金控制（强调弹性短期与长期的不同） | 案例分析讲授 | 1. 引导学生思考市场经济的运行规律，理解价格机制在资源配置中的作用，培养学生的思辨能力<br>2. 理解政府政策如何兼顾效率和公平 |
| 本节小结<br>（3 分钟） | 总结本节讲解的两个案例所涉猎的知识点，再次强调重难点 | 讲授 | 回顾课程内容，引导学生对本节内容的深入理解 |
| 布置作业<br>（2 分钟） | 课后思考：为什么电力部门要制订峰谷分时定价策略？学生可阅读相关文献，课后在"雨课堂"讨论区发表观点 | 文献阅读 | 1. 培养学生搜索文献、阅读文献的科学研究能力<br>2. 理解国家政策制定的科学性 |

# 五、教学效果

## 1. 融入课程思政教学后达成的目标

在微观经济学课程中融入思政元素，实现了知识传授与价值引领的有机统一。培养了学生在社会主义核心价值观、经济伦理和职业操守等方面的素养，提高了学生对市场经济的理解和分析能力。

## 2. 教育教学改革成果

课程思政教学推动了微观经济学课程的教育教学改革。在教学设计、教学方法和手段等方面进行了创新，形成了具有特色的课程思政教学模式。同时，课程思政教学还促进了教师队伍的建设和成长，提高了教师的教学水平和思政素养。

### 3. 教学督导听课评价

教学督导对融入课程思政后的微观经济学课程给予了高度评价，本课程在教学质量认定中获得优秀。督导专家指出，教师在教学中能够结合课程内容，巧妙地融入思政元素，引导学生思考经济现象背后的价值观和道德伦理问题。同时，教师的教学方法得当，能够激发学生的学习兴趣和主动性，课堂氛围良好。

### 4. 学生评价及学生学习成果

学生对融入课程思政的微观经济学课程给予了积极评价。通过课程学习不仅掌握了经济学知识，还加深了对社会主义核心价值观的理解和认同。同时，学生在作业和学习心得中体现了对课程思政内容的理解和感悟。

总之，通过开展"课程思政"教学，微观经济学课程取得了显著成效。教师在传授知识的同时，注重培养学生的价值观和道德伦理素养，促进了学生的全面发展。同时，课程思政教学也推动了教育教学改革，提高了教师的教学水平和思政素养。

# 六、教师感悟

## （一）成功之处

### 1. 知识传授与价值引领的有机统一

课程思政教学将知识传授与价值引领相结合，使学生在学习专业知识的同时，培养了社会主义核心价值观和道德伦理素养，提高了学生的人文素养和社会责任感。

## 2. 创新教学方法和手段

课程思政教学采用了多种教学方法和手段，如案例分析、小组讨论、互动教学等，激发了学生的学习兴趣和主动性，培养了学生的批判性思维和团队合作精神，提高了学生的综合素质。

## 3. 促进教师队伍建设和成长

课程思政教学要求教师具备较高的思政素养和教育教学能力，推动了教师队伍的建设和成长。同时，课程思政教学也促进了教师之间的交流和合作，提高了教师的教学水平和专业素养。

## 4. 教育教学改革成果

课程思政教学推动了微观经济学课程的教育教学改革，形成了具有特色的课程思政教学模式。同时，课程思政教学还促进了教育教学资源的建设和优化，为提高教学质量提供了有力保障。

## （二）不足及改进措施

### 1. 加强思政元素与专业知识的有机融合

在课程设计中，应更加注重思政元素与专业知识的有机融合，不能生搬硬套，两者应相互渗透、相互促进，提高教学效果。

### 2. 激发学生学习兴趣和积极性

考虑到部分学生对于思政内容兴趣不高的情况，应采用更加生动有趣的教学方法和手段，激发学生的学习兴趣和积极性，引导他们更好地理解和掌握课程内容。

### 3. 加强教师培训和交流

通过加强教师培训和交流，提高教师的思政素养和教学水平，推动教师更好地适应课程思政教学的需要。同时，鼓励教师进行教学创新，不断探索适合学生的教学方法和手段。

## 参考文献

冯超．基于混合式的"微观经济学"课程思政教学设计与实践［J］．黑龙江教育（理论与实践），2022（10）：75–77.

# "经济法"课程思政教学典型案例

吕丹丹

## 一、课程基本情况

"经济法"课程是经济管理专业平台课程，教学总学时为48学时。通过课程学习，学生能够了解市场经济条件下经济法律关系的基本概念，掌握市场主体、市场运行、经济纠纷处理方面的法律制度，并能够正确运用相关经济法律制度对基本社会经济活动现象给予合理的解释与判断。本课程授课契合经济和管理类专业学生需求，采用广义经济法知识框架体系编排。课程内容包括经济法基础理论以及民法、商法、部门经济法中的重要法律理论与制度，以现行经济立法与司法实践为依据，力求专业教育与课程思政相交融、理论基础与实践能力相结合，对经济法知识体系进行全面、系统、深入的阐释。

## 二、"课程思政"教学整体设计思路

经济法课程具有学理性、经济性、规制性、政策性和应用性较强的特点，与国家建设法治经济社会的发展战略一脉相承。经济法课程思政教学整体建设思路，结合经济管理专业和经济法课程的特点，科学系统挖掘课程中的思政元素，优化专业知识供给。以习近平法治思想为指导，注重探索经济法案例中的社会主义核心价值观、人文精神和文化自信等相关的精神内涵，将知识传授放到全面实现依法治国整体战略中来思考，充分发掘经济法知识背后的人性考量、价值关怀与制度定位，培育新时代中国特色社会主义经济法治人才。

2021 年，《教育部办公厅关于推进习近平法治思想纳入高校法治理论教学体系的通知》，要求"将习近平法治思想贯穿法学类专业课程"，彰显了习近平法治思想对推动经济法教育高质量发展的重大意义。"经济法"课程思政以习近平法治思想全面依法治国的政治方向、工作布局、重点任务和重要保障四个方面为建设框架，与专业教学相结合的角度理解习近平法治思想的"十一个坚持"核心要义，探索出抽象的"思政元素"与具体的经济法教学间的融合点。

## 三、"课程思政"教学方法及手段

### （一）教学方法

本课程以培养"德法兼修"的新时代经济法法治人才为目标进行课程思政教学设计，力求科学和具体的，将思政元素精细化、体系化与课程专业化进行高度融合，进行"量体裁衣"。

通过理论学习和案例研讨等，引导学生对经济法律问题进行探讨，领会习近平法治思想，了解经济法律相关知识，理解国家相关经济政策在法律制度中的具体体现，领会经济生活相关重要法律的制度价值，从而增强法治观念与制度自信，树立正确的社会主义市场经济法治理念，提升职业道德素养和社会责任感，努力成为社会主义核心价值观的忠实践行者。

引导学生能够熟悉经济相关法律法规、标准和社会规范，理解企业社会责任，建立分析和解决经济法律问题的基本框架，培养学生树立正确的世界观、人生观、价值观。

通过经济法基础理论前沿知识的系统教育，学生具备运用所学法律知识解决生活中经济法律问题的实践能力和应用能力，表达个人见解，以及进一步思考经济法问题相关前沿问题的创新能力，使学生坚定信仰，坚定道路自信、理论自信、制度自信、文化自信，提升修养。

通过线上与线下结合等多元教学模式，结合思考课程中的研讨性问题，完成课后探究性练习，提升学生批判性思维，使学生具有较强的语言、文字表达能力，并能够就经济法律问题进行有效沟通，培养社会主义"德法兼修"的新时代经济法治人才。

## （二）"课程思政"结合点概况

本课程以习近平法治思想为指导，将社会主义核心价值观、人文精神和文化自信等相关的精神内涵与知识点讲授充分结合，充分发掘经济法知识背后的人性考量、价值关怀与制度定位，见表1。

**表1**                **"课程思政"结合点**

| 知识点 | 思政要点 | 课程思政与教学的融合 |
|---|---|---|
| 法的定义及本质；依法治国、法治国家 | 马克思唯物主义法学观；新时代中国特色社会主义法治发展 | 对比中外法学历史中形成的关于"法是什么"的定义，解析为什么马克思主义法学概念最能揭示法的本质；正确认识建设中国特色社会主义法治发展 |
| 民法的概念、本质和原则 | 《民法典》编撰、《民法典》在社会主义法律体系中的重要地位 | 通过对《民法典》编撰、《民法典》在社会主义法律体系中的重要地位进行探讨，引导学生感悟民法典编撰所体现的习近平法治思想、中国特色社会主义法治道路等，坚定"四个自信" |
| 物权理论 | 我国以人民为中心的发展思想 | 通过《民法典》第二百二十一条不动产预告登记制度启发学生进一步理解习近平全面依法治国新理念、新思想、新战略和以人民为中心的发展思想 |
| 约过失责任和违约责任的联系区别 | 诚实信用原则 | 帮助学生深刻理解合同的重要意义、法的契约精神和诚实信用原则，维护社会交易秩序 |

| 知识点 | 思政要点 | 课程思政与教学的融合 |
|---|---|---|
| 公司的概念、特征、社会责任 | 企业社会责任 | 通过学习案例视频，对学生进行创业和投资风险教育，增强学生职业责任感，培养学生遵纪守法、诚实守信、开拓创新的职业品格和行为习惯 |
| 经济法的政策性 | 政府与市场之间的关系 | 以各国解决经济危机效果为例，引导学生充分认识我国社会主义市场经济体制的优越性，增强制度自信、道路自信 |
| 滥用市场支配地位行为的法律规制 | 中国特色社会主义法治建设 | 通过学习"知网实施垄断行为被处罚"案例，深刻理解当前我国不断加强平台经济、科技创新、信息安全、民生保障等重点领域反垄断的执法依据，培养学生理性创业、合法经营，抵制垄断的法治观念 |

# 四、"课程思政"教学实施的具体案例

## （一）知识点概括

### 1. 主要知识点

经济法要解决的基本问题是什么？经济法需要解决的基本问题有两类，一类是市场失灵的问题，另一类是政府失灵的问题，合称"两个失灵"问题。这两类基本问题，是经济法产生和经济法调整对象确定的重要基础，并成为经济法分析的重要背景依托。经济法理论的发展，以及经济法制度的建构，其目标都是解决这两类基本问题。

### 2. 传统讲授

本次课的教学重点为识别经济法调整的社会关系，准确定位经济法的调整对象，明晰经济法的概念。因为经济法不像民法和商法与日常生活关联性较强，所以学生在学习经济法过程中，对基本概念的理解和掌握比较困难。

## （二）课程思政设计

**1. 课程授课设计**

针对传统的理论教学方法重讲授、轻内化的问题，强化"线上线下结合、案例赋能、拓展探究"的合作探究式教学策略贯穿教学全程。以现代信息技术立体支撑，打造重探究、重应用、重创新的合作课堂。在教学过程中，不仅要实现对学生经济法学素养的提升，培养创新能力，更要进行价值引领，让学生深入理解国家建设法治社会初心使命，培养社会主义"德法兼修"的新时代经济法治人才。

**2. 课堂教学环节**

教学环节一：课前预习解析，分析展示学生课前线上预习反映的重点问题，以及案例思考题的作答情况。

教学环节二：构建本次课的逻辑框架，采取互动方式引导学生思考经济法和民法、商法的区别和联系，掌握经济法要解决的基本问题、经济法上的基本矛盾、经济法学的分析框架。

教学环节三：再次展示课前案例并进行小组讨论交流，引出讨论学习专业知识"从经济法角度分析金融危机发生原因和解决方法"。

教学环节四：交流展示以及教师总结，各小组交流展示，教师进行总结，之后进一步引出课程思政"从我国应对世界金融危机的措施理解我国社会主义条件下政府调节经济的有效性"。

以上教学设计见图1。

**3. 引入案例**

2008年的金融危机仅用了几个月的时间就从美国蔓延到了全球各个区域，全球资金链陆续断裂，高失业率引起社会动荡。次贷危机是导致全球金

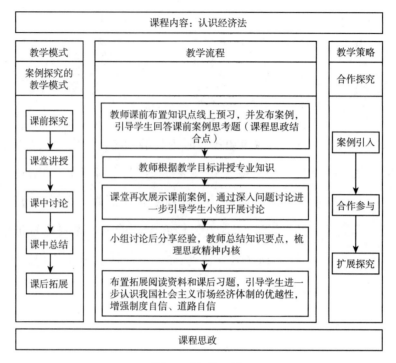

**图1 教学设计**

融危机爆发的最直接因素。这一场金融风暴引起了全球性共振。西方各国着力采取扩张性的财政和货币政策阻止经济下滑，促进经济复苏；扶持新兴产业，加快结构调整。这些措施在一定程度上有助于恢复市场信心，但全球经济复苏的基础仍然薄弱。面对严峻的经济形势，中国政府推行扩大内需、促进经济增长的十项措施。由于措施得力及时，整个经济在较短的时间内实现反转。2009年的经济运行呈现前低后高，工业生产逐月回升，中国成为在全球金融危机中率先回升的国家。

# 五、教学效果和教师感悟

本课程的思政建设以一流慕课为依托，线上平台发布课程思政导读预习，增加思政教学案例，将课程思政教育线索延长。至今共开展4轮SPOC教学，共计千余人参加．实现线上预习、线下拓展、再线上探索的全程育人。在进行几个周期经济法课程思政教学过程中，大部分学生对课程思政改革工作支持并充满期待。反思在教学实施过程中值得研究的问题也不可忽视，主要是要避免课程思政融入的碎片化，建立课程思政体系设计。课程思政教学过程中容易出现目标不清晰、价值导向生硬的情况。总之，如何在专业课程的教育当中有效融入思政元素，对专业教师来说是一项长期而艰巨的任务。

## 参考文献

［1］何帆．世界主要发达经济体应对金融危机的措施及其效果评述［J］．经济社会体制比较，2009（4）：82 – 87.

［2］肖江平．经济法学解析［M］．北京：高等教育出版社，2022：20 – 24.

［3］余思佳，2008 年金融危机的原因及其后果分析［J］．科技广场，2016（11）：154 – 157.

［4］郑新立．应对世界金融危机的回顾与展望——2009 年我国经济运行与宏观调控政策分析［J］．产经评论，2010（1）：6 – 11.

# "审计学"课程思政教学典型案例

浦 艳

## 一、课程基本情况

"审计学"课程是一门会计学的专业方向课程,教学总学时为48学时。本课程的思政目标为培养学生勤恳踏实的专业精神,增强学生的文化自信,树立正确的价值观和人生观;知识目标为使学生能够理解、掌握和应用审计的理论基础与应用方法;能力目标为培养学生分析问题的能力、沟通协调能力以及团队合作能力等;素质目标为引导学生树立高尚的审计职业观念,谨遵审计准则的要求实施审计工作。

## 二、"课程思政"教学整体设计思路

党的二十大报告中强调,弘扬以伟大建党精神为源头的中国共产党人精神谱系,用好红色资源,深入开展社会主义核心价值观宣传教育,深化爱国主义、集体主义、社会主义教育,着力培养担当民族复兴大任的时代新人。红色文化是中国共产党带领广大群众在中国革命、建设与改革伟大实践中创造的,以优秀品质为精神内核的先进文化形态。红色文化凝聚了"实事求是、爱岗敬业、诚实守信"的思想精华,与审计学课程思政致力培育知识、能力和道德素质的三全人才的目标相一致。合格的审计人才除了需要良好的专业能力，更需要具备政治素养与职业道德，践行立德树人的教育目标。因此，应充分挖掘红色文化的思政元素，深刻理解红色文化的精神内涵，有效地实现红色文化与审计学课程思政的完美融合。

# 三、"课程思政"教学方法及手段

当前教学主要以讲授或案例为主，红色文化素材无法与学生的现实生活相结合，无法让学生产生共鸣，容易致使学生对红色文化产生抗拒感。通过实施多样化的教学手段，可使学生在轻松愉悦的氛围中感受红色文化、自觉汲取红色思想精髓。

在授课前，充分挖掘红色文化思政资源素材，包括书面资料及视频资料等，通过收集、筛选和整理构建红色审计素材库。根据每章节的具体授课内容，实现红色素材与审计知识的有效衔接。在课前，利用网络公开课（MOOC）以及"党史2分钟""党史里的审计故事"等信息化素材发送给学生预习，使学生通过网络平台了解与感受红色文化。

在授课中，通过设计红色审计案例调动学生的互动性和参与性，使得学生在具体案例中感受红色精神与审计知识的有效融合；通过设计翻转课堂，驱动学生积极主动地寻求红色审计资源，理解红色审计内涵，感受红色审计精髓；通过设计红色审计竞赛答题，帮助学生感知红色审计的历史，扩展红色审计的外延，并且提高学生的解决问题和团队协作能力。

在授课后，根据学生自身情况，可以实地参观审计博物馆等场所，从中感受红色审计的发展及历史，学习审计人物的事迹和精神，实现自我人生观和价值观的提升和重塑。

# 四、"课程思政"教学实施的具体案例

## （一）案例简介

1922 年 9 月 14 日，安源路矿工人在刘少奇、李立三的领导下举行了大罢工。罢工胜利后，安源路矿工人俱乐部规模迅速扩大，逐渐积累起比较雄厚的活动经费。随着工人俱乐部经济的扩张，急需设立一个经济监督与保管机关，以保障工人俱乐部各项事业特别是经济事业的健康发展。

1923 年 4 月 1 日，俱乐部第一届最高代表会议决定组建经济委员会，直隶于最高代表会议，并于 4 月 3 日通过《经济委员会简章》，规定经济委员会下设审查部，负责审查俱乐部一切经济收支。谢怀德为经济委员会首任委员长，俞汉华为审查部首任主任。安源路矿工人俱乐部经济委员会审查部，是中国共产党成立后直接领导设立的经济监督机构，所开展的审查监督活动已具审计性质，是中国共产党成立初期的审计监督尝试，开了中国共产党审计监督的历史先河。

## （二）教学目标

### 1. 思政目标

增强学生的民族自信心和自豪感，激发学生的爱国热情，真正感受到国富才能民强，培养学生的家国情怀，使学生心怀天下，勇于担当，为国家发展与民族振兴努力奋斗。

### 2. 知识目标

要求学生掌握和了解红色审计的起源，掌握审计监督职能的内涵和外延，以及理解审计监督职能的作用。

3. 能力目标

在理解审计监督职能的基础上，能够掌握实现监督职能所需具备的职业道德、审计方法及审计法规等各方面的能力。

4. 素质目标

引导学生意识到审计的监督职能在严肃财经纪律，维护国家、人民和国有资产利益方面的重要作用。使学生具有良好的道德修养和社会责任感，符合社会进步要求的价值观和爱国主义的崇高情感。

## （三）教学设计

### 1. 教学的方法与手段

审计职能的内容理论上比较枯燥，无法充分调动学生的主动性和积极性。因此，本课程教学采用的教学手段较多，综合运用了启发式教学、案例教学、理论讲授、视频观看、翻转课堂等。从教学方式及手段来说，尽量满足学生的差异化发展需求。

### 2. 教学的组织与实施

首先，课前将学习目标及要求发送给学生，以问题思考与探讨的方式，提前布置学习任务与要求，让大家提前思考，对要学习的内容有一定的了解和认识。

其次，课上依次组织和实施了以下几个环节。

（1）寻"红色审计"历史。依托于中国党史出版社出版的《中国共产党领导下的审计工作史》，讲解了红色审计的起源——安源路况工人俱乐部的审计，详述了审计监督职能的历史背景及历史意义，让同学们深刻体会审计监督职能在中国共产党创建之初的重要作用。

（2）观"红色审计"影片。依托于相关的视频资源，播放了《红色审计守初心》的视频，时长 5 分钟左右。视频中重现了有关的影像资料及实地场景，使得同学们更有代入感和沉浸感。

（3）讲"红色审计"故事。通过课前的布置任务，2 名同学以翻转课堂的方式，分别讲述了安源路况工人俱乐部的审计故事以及红色审计先驱阮啸仙的人物事迹。

（4）学"红色审计"知识。通过红色审计故事的讲述，同学们可以了解审计监督职能在中国共产党成立之初的重要历史意义，进而讲述审计职能在现阶段的延伸和发展。

最后，由于课堂时长有限，要求学生课下完成其他相关视频的观看，并将自己的所思、所想写成观后感，更深入地了解审计的监督职能。

# 五、教学效果

通过学生翻转课堂的展示，可以培养学生收集及整理资料的能力，也可以培养学生思考问题和解决问题的能力。将红色文化与审计知识融合在一起，培养了学生的家国情怀，塑造了学生的人生观和价值观。

通过学生撰写的观后感，可以清楚学生对本部分内容的所思、所想和所感。通过红色审计监督职能的展示，鼓舞了学生的学习士气，让学生感受到了社会责任感，体会了国富民强的优越感。

# 六、教师感悟

本课程将红色文化融入审计教学，通过课前问题引导，课中翻转课堂，课后视频观看，由浅入深，层层递进，将专业知识与课程思政较为自然地融合在一起。教学手段多元化与灵活化，大大提升了学生的主观能动性，并且满足了学生的个性化发展。

但是，红色审计课程建设方面依然存在以下两个难题：首先，红色审计的思政资源未充分挖掘。其次，红色审计的教学评价体系缺乏。在以后的教学过程中，这两个方面的问题仍然需要不断完善和成熟。

**参考文献**

秦荣生，卢春泉. 审计学 ［M］. 11 版. 北京：中国人民大学出版社，2023.

# "世界经济"课程思政教学典型案例

金珊珊

## 一、课程概况

"世界经济"课程是国际经济与贸易专业的专业核心课程,教学总学时为 48 学时。"世界经济"是研究世界经济特点和基本规律的独立学科,也是经济学的分支学科。本课程内容主要涉及世界经济的形成与经济全球化的发展、世界经济的运行与协调、世界经济面临的重大问题以及世界经济与中国四部分。通过对本课程的学习,学生能够运用马克思主义立场、观点和方法,了解世界经济学科的基本概念、基本理论和基本知识,全面系统地研究世界经济的形成和发展过程;运用习近平新时代中国特色社会主义思想分析当今世界经济发展的新情况、新特点和新趋势,更好地认识经济全球化大背景下的世界经济和中国经济;通过客观评价世界经济的复杂现象及前沿问题,帮助学生提高从新角度对世界经济发展趋势进行尝试性分析的能力,从而更加积极地推动改革开放和中国特色社会主义实践的发展。

## 二、"课程思政"教学整体设计思路

本课程具有极强的历史性、思想性和应用性,思政目标是通过学习世界经济的发展历程、世界经济的运行与治理以及中国在发展过程中取得的巨大成就等内容，结合国家建设和民族复兴的时代背景，及时掌握国家对外经济政策，深刻领会中国共产党有关世界经济的重要论述。从国际、国家和个人三个层面明确了课程思政的目标（见表1），弘扬爱国主义精神，加强理想信念，强化政治方向和思想引领，牢固"四个意识"，坚定"四个自信"，强化责任担当，培养学生的家国情怀。本课程以时代背景和重大事件为切入点讲好中国故事，以科学的方法论分析复杂问题，从而实现课程育人的三维度目标。

表1　　　　　　　　　　　　思政目标三维度

| 国际层面 | 国家层面 | 人格层面 |
|---|---|---|
| 国际视野 | 家国情怀 | 历史观、大局观、角色观 |
| 全球关切 | 中国自信 | 公平正义 |
| 人类命运共同体 | 忧患意识 | 责任担当 |

## （一）将思政教育融入时代背景和重大事件分析中

在"百年未有之大变局"的时代背景下，国际环境发生深刻复杂变化，受地缘政治冲突等因素影响，全球产业链供应链发生局部断裂，全球经济增长乏力。由于与时代背景、新闻热点紧密相关，容易引起学生兴趣，进而引导学生运用习近平新时代中国特色社会主义思想分析世界经济发展过程中不断出现的各种新问题的本质，对复杂深刻变化的世界经济作出正确判断，深刻认识世界、理解中国、增强民族自信心。

## （二）将思政教育与科学的方法论紧密结合

### 1. 以马克思主义立场和方法为指导

辩证唯物主义和历史唯物主义是马克思主义的世界观、方法论，是马克思主义全部理论的基石。纵观历史，世界经济不断解决其内在矛盾的过程是增加其统一的过程，也是世界经济不断向前发展的过程。在当前复杂的国际形势下，必须以马克思主义立场和方法为指导，紧密联系党和国家对外开放战略思想和方针政策，紧密联系世界经济发展的历史和现实背景，紧密联系中国改革开放和新时代社会主义建设的实践。

### 2. 以习近平总书记强调的把握国际形势的"三观"为指导

习近平总书记在中央外事工作会议上指出，把握国际形势要树立正确的历史观、大局观、角色观。① 这为准确分析世界大势和我国历史方位提供了科学方法。在这一"百年未有之大变局"的冲击下，整个世界进入了转型过渡期，中华民族伟大复兴处于近代以来的最好时期，既面临难得的发展机遇，又面临着严峻的复杂挑战。以"三观"为指导能够将课程内容、时代背景与科学理论融会贯通，分析世界多极化加速推进的大势，理解大国关系深入调整的态势，把握世界经济格局深刻演变的动向，领会"人类命运共同体""一带一路"倡议的深刻内涵。

## 三、"课程思政"教学方法及手段

本课程运用了多种教学方法，吸引学生参与课堂教学环节，有助于更好地实现"课程育人"的目标。

### 1. 问题链教学法

在章节开篇，设计一系列关键问题，贯穿整个章节，引发思考、激发兴趣。例如，在经济全球化一章，设计问题链：什么是经济全球化？你在经济全球化中受益了吗？何为逆全球化？经济全球化是否会终结？如何理解"中

---

① 准确把握当前和今后一个时期的国际形势——二论贯彻落实中央外事工作会议精神 [EB/OL]. https：//www. gov. cn/xinwen/2018－06/25/content_5300964. htm.

国既是经济全球化的受益者，更是贡献者"？

## 2. 历史分析与国际比较

世界经济学科注重世界经济的历史、现实和发展趋势，运用历史分析和比较分析等方法不仅可以了解世界经济发展的内在规律，还可以将研究对象的规模大小、水平高低、速度快慢等更加科学地加以呈现。例如，通过观看全球 GDP、出口额动态演变排行的小视频，让学生了解中华人民共和国成立以来中国经济腾飞的过程，坚定制度自信和道路自信；通过选取中国、日本、美国、德国四国的贸易贡献度，比较分析得出中国是全球贸易贡献度最大国家的结论。

## 3. 小组研讨

事先选定 12 个世界经济发展过程中出现的大国，近 60 名学生分成 12 个小组，每个小组根据抽签结果分析对应国家的国别经济，引发学生对大国崛起的研究兴趣，通过文献研究、数据分析、分组讨论等合作进行探究式学习，探寻当前大国经济存在的问题，最后形成汇报 PPT。同时，培养学生的团队合作精神、创新能力及科研与写作能力。

# 四、"课程思政" 教学实施的具体案例

## （一）教学目标

中美贸易摩擦是近年全球经济最重要、最敏感的话题之一。中美贸易摩擦不仅严重威胁中美双边经贸关系，也给世界经济重返良性轨道和可持续发展带来了严重负面影响。中美贸易摩擦未来将如何演变？我们又该如何理性看待？这些问题容易引起学生兴趣，亟待进一步探究。为此，根据教学大纲制定了本案例的教学目标。

1. 思政目标

运用习近平总书记强调的把握国际形势的"三观"分析当今世界大势，正确看待中美经贸关系；在复杂的国际形势下，坚定制度自信，增强大国意识与责任担当。

2. 知识目标

掌握贸易保护主义的主要手段和表现形式；了解"广场协议"的背景、内容及影响；理解"人类命运共同体"的深刻内涵；理解"修昔底德陷阱"在中美关系上的体现；了解中美两国贸易统计方法的差别。

3. 能力目标

提升运用历史唯物主义、辩证唯物主义分析中美贸易摩擦、中日贸易摩擦的理论辨析能力；培养对时代热点问题的科学探究精神和科研能力。

4. 素质目标

具有全球视野和全球关切，紧密联系中国改革开放和社会主义现代化实践，能借鉴和学习国外经济发展的经验和教训，更加主动地参与世界经济、更好地推动中国特色社会主义实践的发展。

## （二）教学内容及思政要点

该教学案例从四个方面对中美贸易摩擦问题进行解读：首先，回顾本轮贸易摩擦的发展过程；其次，梳理 20 世纪 60~80 年代日美贸易摩擦和建立正常经贸关系以来中美贸易摩擦的历史；再次，从后危机时代大国博弈的角度解读中美贸易摩擦的问题；最后提出中国应对中美贸易摩擦的总体方针和具体策略（见表 2）。

表 2　　　　　中美贸易摩擦与大国博弈案例教学内容及思政要点

| 教学内容 | 具体内容 | 思政要点 |
|---|---|---|
| 脉络：2017～2023 年中美贸易摩擦回顾 | 回顾贸易摩擦的五个阶段；总结双方加征关税的规模；分析谈判异常艰难的原因 | 关注当前经济热点，培养全球关切，树立家国情怀，运用历史观、大局观回顾贸易摩擦的经过 |
| 镜鉴：日美贸易摩擦与中美贸易摩擦历史 | 从"广场协议"为切入点分析日美贸易摩擦；中美贸易摩擦的历史演进；本轮贸易摩擦的新特点 | 运用历史观、大局观分析发起贸易摩擦是美国打压对手的惯用手法；运用辩证唯物主义、历史唯物主义的方法认清中美贸易摩擦一直长期存在的现实 |
| 实质：后金融时代的大国博弈 | 全面比较两国从经济、贸易、货币、经贸规则、全球经济治理理念等领域的博弈 | 运用大局观、角色观多层面分析中美两国的博弈，通过比较分析看到了中国对世界经济的贡献、增强了中国自信，理解人类命运共同体的含义 |
| 对策：中国的总体方针和具体策略 | 中国应对贸易摩擦的基本原则、坚定立场和具体策略 | 有信心、有能力、有决心应对各种挑战和风险，增强中国自信；同时直面中美贸易战给中国带来的问题建立忧患意识 |

## （三）教学设计总体思路

本案例教学以当前世界经济热点为教学内容，运用马克思主义理论等作为分析问题的科学方法，在其基础上深度挖掘思政要点，详细分解每节课专业知识点并将其与所蕴含的思政要点一一对应，将课程内容与思政元素较为和谐地融为一体。

# 五、教学反思

## （一）实现了思政元素与教学内容的深度融合

从中国特色社会主义伟大实践、国际国内时事、科学方法论多方面深度挖掘思政元素，将其与教学内容、专业知识相结合，实现了以专业课程进行价值引导和思想教育的目的，使学生在更好地理解国际贸易、世界经济、宏观经济等专业知识的同时更深刻地认识世界、理解中国，增强民族自信心和社会责任感。

## （二）实现了引导学生用科学理论解决现实问题的目标

培养学生关注时事新闻，树立"家国情怀""国际视野""全球关切"，引导学生运用马克思关于世界经济的重要思想、中国共产党有关世界经济的重要论述理性分析当前热点大事，挖掘有利于培养和训练学生科学思维方法和思维能力的内容进行教学，教会学生用正确的立场观点方法认识并分析问题。

## （三）尚未实现每个学生积极参与教学活动的目标

在本课程思政教育的实施过程中，发现有小部分学生对时政新闻关注度低，课前准备不足，从而导致对课堂讨论的参与意愿不强。在以后的教学过程中，应提前让学生对相关问题进行资料积累和准备，这将有助于学生更积极地参与到课堂互动中。

**参考文献**

［1］卢黎歌，吴凯丽. 课程思政中思想政治教育资源挖掘的三重逻辑［J］. 思想教育研究，2020（5）：74 – 78.

［2］《世界经济概论》编写组. 世界经济概论［M］. 2 版. 北京：高等教育出版社，2020.

［3］习近平谈"一带一路"（2023 年版）［M］. 北京：中央文献出版社，2023.

［4］应霄燕. 以习近平外交思想为指南 优化"当代世界经济与政治"课程教学的思考［J］. 中国大学教育，2020（10）：50 – 53.

# "税务会计"课程思政教学典型案例

张宏霞

## 一、课程基本情况

"税务会计"课程是会计学专业的一门必修课程，教学总学时为 32 学时。本课程将税法知识与会计处理对应，掌握纳税过程从纳税义务产生、缴纳税务、申报退税等环节的会计处理；具备税务会计核算基本能力，包括纳税会计工作，填制纳税申报表，对企业纳税会计的整个核算和纳税申报有比较清晰的了解，提高对与纳税有关的经济活动分析及其信息处理的能力。能够理解税务会计基本理论，掌握增值税、消费税、企业所得税、个人所得税等主要税种的会计核算基本方法，运用税法基础知识，完成制造业日常经济业务的税务核算，初步了解各税种申报表的构成和重点事项的填写。

## 二、"课程思政"教学整体设计思路

通过对税务会计学科的产生发展以及核算等相关内容的介绍，培养学生勤恳踏实的专业精神，增强学生的文化自信。通过会计和税法的对比以及税务会计学科交融的探讨，开阔学生兼容并包的胸怀。通过对增值税、消费税、企业所得税、个人所得税的会计核算等具体课程内容的学习，使学生明确自身职责，号召其做合法纳税人的守护者，增强学生的人文素养以及职业责任感和使命感。引导学生在执业过程中秉持独立第三方立场和实事求是的工作作风，向学生明确作为一名会计人应该具备诚信、客观、公正等基本职业道德，鼓励其养成良好的专业素养和职业习惯，时刻遵照职业守则、遵循会计准则和遵守法律规则，帮助其确立正确的价值观。

## 三、"课程思政"教学方法及手段

通过对税务会计产生、发展等相关内容的介绍，培养学生勤恳踏实的专业精神，增强学生的文化自信。讲解会计从业人员素质要求和职业道德，引导学生践行社会主义核心价值观，树立正确职业道德观念，坚守职业道德。通过案例教学，引导学生树立正确的人生观和价值观，清清白白做人，明明白白做事，杜绝拜金主义、投机主义，不被利益引诱。激发学生的主人翁意识、社会责任感和职业担当，引导学生应该秉持诚信，恪守职业道德，养成良好的职业习惯。具体思政要点设计见表1。

表1　　　　　　"税务会计"课程的具体思政要点

| 教学内容 | 主要内容与教学要求 | 思政要点 |
| --- | --- | --- |
| 第一章 税务会计概述 | （1）主要内容。<br>①税务会计及其特点和模式；<br>②税务会计的职能和作用；<br>③税务会计的原则和内容。<br>（2）教学要求。<br>能够掌握税务会计的概念及特点，判断税务会计与财务会计的区别与联系；分析税务会计的基本职能、作用、原则和内容 | 通过对税务会计的产生、发展等相关内容的介绍，培养学生勤恳踏实的专业精神，增强学生的文化自信。讲解会计从业人员素质要求和职业道德，引导学生践行社会主义核心价值观，树立正确职业道德观念，坚守职业道德 |

续表

| 教学内容 | 主要内容与教学要求 | 思政要点 |
|---|---|---|
| 第二章 增值税的 会计核算 | （1）主要内容。<br>①增值税概述；<br>②增值税的会计科目设置；<br>③销项税额的会计核算；<br>④进项税额的会计核算；<br>⑤一般纳税人应纳税额的会计核算及申报表的填制；<br>⑥小规模纳税人应纳增值税的会计核算及申报表的填制。<br>（2）教学要求。<br>能够表达增值税的基本税制要素规定，应用会计科目设置进行增值税会计核算及申报表的编制方法 | 通过增值税的税负转嫁，引导学生树立正确的人生观和价值观，清清白白做人，明明白白做事，杜绝拜金主义、投机主义，不被利益引诱。激发学生的主人翁意识、社会责任感和职业担当，应该秉持诚信，恪守职业道德，养成良好的职业习惯 |
| 第三章 消费税的 会计核算 | （1）主要内容。<br>①消费税概述；<br>②消费税的会计核算；<br>③消费税纳税申报表的编制。<br>（2）教学要求。<br>表达消费税的基本税制要素规定，应用会计科目设置进行消费税会计核算及申报表的编制方法 | 通过讲解消费税的征收背景及演进过程，树立创造价值和设计决定成本、保护环境、杜绝浪费的意识。引导学生树立正确的消费观，不盲目消费，同时增强纳税观念 |
| 第四章 企业所得税的 会计核算 | （1）主要内容。<br>①所得税概述；<br>②所得税会计基础；<br>③资产负债表债务法；<br>④纳税调整项目及其会计核算；<br>⑤企业所得税纳税申报表的编制。<br>（2）教学要求。<br>完成应纳税所得额的计算，分析暂时性差异的划分，运用资产负债表债务法进行会计处理，纳税调整项目的调整和所得税纳税申报表的编制。特别是各类资产、负债、收入、费用的计税基础和会计成本的差异的判断；对由于企业分发股利、购并重组、分立注销、资产负债表日后事项等特殊交易确认会计处理和所得税的差异 | 通过所得税会计方法的讲述，引导学生在经济业务账务处理时要善于全面观察，同时，要注意会计准则和税法的差异。培养学生要善于观察、分析和挖掘，形成一定的分析能力和整体思维能力，注重培养严谨准确精神。另外要随时关注国家政策变化，与时俱进，终身学习 |

续表

| 教学内容 | 主要内容与教学要求 | 思政要点 |
|---|---|---|
| 第五章<br>个人所得税的<br>会计核算 | （1）主要内容。<br>①个人所得税概述；<br>②个人所得税的会计核算；<br>③个人所得纳税申报表的填制。<br>（2）教学要求。<br>表达个人所得税的基本税制要素规定，运用个人所得税应税项目的会计科目的设置，进行不同应税项目相应业务的会计核算和个人所得税纳税申报表的填制 | 通过个人所得税的纳税规定，以偷税漏税为例，对日常个人的纳税行为理性分析，透过现象看本质，引导学生树立正确的人生观和价值观，清清白白做人，明明白白做事，杜绝拜金主义、投机主义，不被利益引诱 |

# 四、教学效果

通过学习，形成节约成本、保护环境、杜绝浪费的意识。引导学生坚守会计职业道德。培育以诚信为基础的核心价值观，树立法治观念。

# 五、教师感悟

培养最基本的会计专业素养，建立爱岗敬业、熟悉法规、依法办事、客观公正的职业素养。培育以诚信为基础的核心价值观，树立法治观念。另外，要随时关注国家政策变化，与时俱进。

**参考文献**

[1] 窦蓉，陈岩. 以实践能力培养为导向的税务会计课程改革探析——以河南理工大学为例 [J]. 科教文汇，2023（14）：42 - 45.

[2] 盖地. 税务会计学 [M]. 15 版. 北京：中国人民大学出版社，2022.

[3] 何洲娥. 税务会计课程线上线下混合式教学改革探讨 [J]. 产业与

科技论坛，2021（9）：17－20.

[4] 梁俊娇，王怡璞. 税务会计 [M]. 5 版. 北京：中国人民大学出版社，2022.

[5] 朱会芳.《税法与税务会计》课程实践教学的几点思考——以黄河科技学院为例 [J]. 中国乡镇企业会计，2021（4）：35－38.

# "运筹学"课程思政教学典型案例

宋莹莹

## 一、课程基本情况

"运筹学"课程是一门运用科学的模型化方法来描述、求解和分析问题，从而支持科学决策的专业必修课程，教学总学时为 48 学时，其中包括 8 学时上机实验环节。本课程以定量分析为主来研究经济管理问题，将工程思想和管理思想相结合，应用系统的、科学的、数学分析的方法，通过构建、检验和求解数学模型获得最优决策方案。本课程主要内容包括线性规划问题、运输问题、整数规划、目标规划、动态规划、网络分析等与经济、管理和工程领域密切相关的运筹学分支的基本模型、方法和应用，运用科学的模型化方法来描述、求解和分析问题从而支持科学决策。本课程旨在培养学生系统掌握线性规划问题、运输问题、整数规划、目标规划、动态规划、网络分析等理论和方法，使学生能够在计算机上利用运筹学软件熟练求解各类模型，具备将课程知识应用于生产实践的能力，具备不断学习、善于观察和分析事物的素质，学会针对实际问题建立相应的运筹学模型，从而提高分析解决实际问题的能力。

## 二、"课程思政"教学整体设计思路

针对"运筹学"课程性质及新文科背景下工商管理学科特色，本课程以习近平新时代中国特色社会主义思想为指导，选取工商管理专业相关应用案例，将课程思政引入运筹学教学过程中，创造属于新文科背景下工商管理学科的独特思考。

习近平总书记强调，要不断开创新时代思政教育新局面，努力培养更多让党放心、爱国奉献、担当民族复兴重任的时代新人。① 运筹学的发展历史源远流长，其中蕴含着许多伟大科学家的感人事迹，在为学生讲解理论知识的同时，向学生介绍科学家们的感人事迹，培养学生爱国主义精神，建立民族自信，潜移默化地引导学生探索如何实现自身发展，如何实现中华民族伟大复兴。在运筹学的课程思政教学中，注重学生开放式思维的培养，再引入思政元素进行拓展，引导学生发现、感知、解决问题的开放性思维，进一步深化学生对世界的认识和理解。

## 三、"课程思政"教学方法及手段

秉承党的二十大报告提出的"坚持以人民为中心发展教育，加快建设高质量教育体系"的理念，推进课堂教学模式改革。在传统多媒体教学的基础上，利用视频软件辅助教学，提前将案例及课程重点内容制作成小视频推送给学生，并提出一些课程思政相关问题，引导学生思考。课上采用启发式、探讨式、引导式的教学方法，通过小组研讨的方式，让学生深度参与到运筹学课程思政过程中，创新师生互动模式。

## 四、"课程思政"教学实施的具体案例

运筹学是 20 世纪 30 年代初发展起来的一门新兴学科，最早应用于第二

---

① 不断开创新时代思政教育新局面　努力培养更多让党放心爱国奉献担当民族复兴重任的时代新人 [EB/OL]. http://cpc.people.com.cn/n1/2024/0512/c64094-40234070.html.

次世界大战期间英美盟军应对德国空袭进行雷达预警，采用定量分析的方法为系统提出最优的决策方案，为管理人员在决策时提供科学依据。第二次世界大战后，运筹学的应用才逐步从军用转向民用，并在经济管理、工程技术、农业生产等领域有着广泛的应用。

在中华人民共和国成立后，钱学森、许国志、华罗庚等运筹学领域老一辈科学家毅然决然放弃国外优厚待遇，排除千难万险回到祖国母亲怀抱，将祖国的发展和兴旺作为毕生目标与使命，在国内建立运筹学研究室，培养运筹学科学人才，不遗余力地对运筹学进行探索和推广。

将老一辈科学家的感人事迹制作成科普视频，以学生喜闻乐见的形式，提前发布给学生，让同学们感受到老一辈科学家对祖国的浓厚感情和对新中国建设的责任感，加强学生对习近平新时代中国特色社会主义思想的认同，培养学生将科技兴国作为己任，增强学生的民族使命感与责任感。

课堂上，在向学生介绍运筹学的产生和发展时，开展"夫运筹帷幄之中，决胜于千里之外"专题研讨，使学生了解运筹学在中国的蓬勃发展，充分认识到运筹学在新中国建设以及科教兴国与科技强军战略实施中的重要作用，引导学生意识到其作为祖国高素质人才在科技兴国中的重要责任，培养学生的家国情怀。

课堂总结时，为学生提供运筹学求解软件、Matlab 等数学软件，启发学生利用运筹思维挖掘生活中的问题，学会利用现代科学计算手段，对实际问题进行模拟优化，提高学生自主创新思辨能力。

# 五、教学效果

通过收集学生的课后评价，同学们表示"运筹学引入思政案例后能够深刻体会到老一辈科学家的爱国情怀，身上的责任感和使命感也会油然而生"。

# 六、教师感悟

在运筹学中加入思政元素，学生的积极性被调动了起来，小组研讨的形式使课堂氛围更加活跃，尤其在小组研讨过程中，学生经常会给出一些独属于年轻人的想法，往往会给课堂带来新的惊喜，甚至能够启发教师该如何进行接下来的课程思政教育。

## 参考文献

［1］柏庆国，韩琳，徐健腾．管理科学专业运筹学课程教学融入思政元素的路径探索与实践［J］．物流工程与管理，2024（4）：144－148.

［2］不断开创新时代思政教育新局面　努力培养更多让党放心爱国奉献担当民族复兴重任的时代新人［EB/OL］．http：//cpc. people. com. cn/n1/2024/0512/c64094－40234070. html.

［3］储白珊．上好"大思政课"培育时代新人［N］．福建日报，2024－05－16（001）.

［4］李娜，孟彬，李娜，等．习近平新时代中国特色社会主义思想融入管科教学研究——以《运筹学》为例［J］．产业与科技论坛，2024（5）：189－192.

［5］孙杰宝，杨畅，姚文娟，等．以贺信精神为指引的最优化方法课程思政改革与实践［J］．高教学刊，2024（6）：56－59.

［6］宗胜亮，黄宁，罗云中．管理类专业"运筹学"课程思政建设的路径［J］．教育教学论坛，2023（44）：141－145.

# "管理信息系统"课程思政
# 教学典型案例

孙　琳

## 一、课程基本情况

"管理信息系统"是一门工商管理、市场营销、会计学专业的平台课程，教学总学时为 48 学时，其中包括 16 学时上机实验环节。管理信息系统由管理科学、系统科学、信息技术等多学科综合发展起来，具有较宽的理论基础且实践性很强。课程的主要内容包括：管理信息系统的概念、理论和技术基础，管理信息系统的发展战略，管理信息系统的应用以及管理信息系统的开发与管理。设立本课程的目的在于，使学生能够全面、深刻认识到数据科学和信息技术对现代企业管理的重要意义；熟悉管理信息系统的多种应用形式，了解信息处理的各流程及主流技术；掌握管理信息系统开发建设的过程和基本方法；具备准确表达管理信息系统需求、前瞻性规划管理信息系统建设以及掌握业务信息化操作基本规则的实践能力。

## 二、"课程思政"教学整体设计思路

明确思政目标，结合课堂讲授、专题研讨、案例分析等多种教学活动完成教学内容的选择与设计，将课程思政融入管理信息系统课程教学建设全过程。本课程通过信息时代的变化特征分析、管理信息系统对当代管理的影响问题、战略信息系统的前沿知识和技术发展趋势、组织内部信息流交互以及身边存在的信息孤岛问题的扩展讨论，结合跨企业的流程类信息系统在我国广泛应用的相关案例分析，融入包括国家战略层面、企业商用层面的信息安全专题研讨，让学生了解管理信息系统方面的前沿知识和相关技术发展趋势，及时掌握国家相关方面的科技战略需求，树立投身科学研究和技术创新的远大理想，强化责任担当意识；学生能够深刻认识到数据科学和信息技术对企业管理的重要意义，提升管理信息系统的信息管理与安全防范意识；同时，帮助学生养成严谨的科学精神，培养勇于实践、创新精神和团队协作意识。

# 三、"课程思政"教学方法及手段

通过课堂讲授、案例分析等方法，让学生在了解信息时代的变化特征、战略信息系统的前沿知识和技术发展趋势的同时，及时掌握国家、行业、企业相关方面管理信息系统应用的战略需求，并树立投身科学研究和技术创新的远大理想，扩展学生将信息技术与企业管理高层次融合的视野，强化责任担当意识。

通过对管理信息系统对当代管理的影响问题的扩展讨论，让学生深刻认识数据科学和信息技术对企业管理的重要意义，扩展学生将信息技术与企业管理高层次融合的视野；通过组织内部信息流交互的分析，以及身边存在的信息孤岛问题，使学生能够深入理解系统内部协同效应以及业务单元充分信息交互的必要性，同时增强团队协作意识。

以专题报告、上机操作等教学形式探讨企业主要职能和业务领域的信息系统技术的广泛应用，使学生认识到人机结合的必然性与优缺点，引导学生正确看待科技与人文的互动发展；此外，结合跨企业的流程类信息系统在我国广泛应用的相关案例分析，培养学生系统思想观、协同观以及竞合观。

通过系统开发生命周期的介绍，使学生感受管理理念与技术实现有机融合的过程，使学生牢固树立战略思维、系统思维和创新思维；通过个人和小组形式的业务流程分析工具的应用，使学生养成严谨的科学精神，培养勇于实践、创新精神和团队协作意识；结合包括国家战略层面、企业商用层面的信息安全专题研讨，提升学生管理信息系统的信息管理与安全防范意识。

# 四、"课程思政"教学实施的具体案例

在教学过程中，授课教师坚持以学生为中心，将课程思政的任务要求落实到课程目标设计、教学大纲修订、教案课件编写等各个方面，通过课堂讲授、专题研讨、案例分析完成教学内容的选择与设计，努力挖掘本课程的思政元素，将课程思政融入课程教学建设全过程，从而实现价值塑造、知识传授和能力培养的有机融合。

## （一）思政教学目标

通过探讨企业信息管理的内涵与策略、企业知识管理以及信息系统安全等内容，使学生能够认识到企业信息管理、知识管理的重要性，建立企业管理信息系统的信息安全防范意识。结合包括国家及企业层面的信息安全专题研讨，提升学生的信息管理与安全防范意识，激发学生的爱国主义热情与使命感。

## （二）主要知识点

### 1. 信息系统管理

信息系统的组织结构，包含信息系统部门负责规划信息系统建设以完成组织的目标和战略，保护信息资产、开发、运营和维护应用等工作；信息系统用户的权利和责任，包含保护密码、安装授权程序、程序修复与软件补丁安装，以及遵循安全和备份处理规程等方面。

## 2. 信息系统安全

信息系统安全概述，包括信息系统安全的基本概念及体系框架，典型的信息安全技术如密码技术、数字摘要、数字签名、数字认证和数字证书等；信息系统安全管理的主要内容，包括数据安全保护、网络安全防护和应急响应机制等。

### （三）课堂教学环节

#### 1. 引入案例《支付宝移动互联网金融安全》*

在手机银行、第三方支付等移动互联网金融迅速崛起，钓鱼网站、交易欺诈以及移动支付等新型服务渠道中的信息安全问题日趋凸显的大背景下，通过案例分析的方式，与学生共同探讨移动支付等新型服务渠道中可能存在的信息安全问题，并借此引入应运而生的典型信息安全技术，如数字证书、电子签名等，并帮助学生了解国内手机银行所面临的安全问题的多种解决手段，并拓展至对身边工作、生活中的信息安全问题的思考。

#### 2. 教学互动

围绕信息系统管理的企业组织结构及主要管理职能、信息系统用户的权利和责任展开介绍和讨论，加深学生对企业信息管理重要性的认识；重点对信息系统安全管理内容及当下主流的信息安全技术进行讲授，使学生能够建立企业管理信息系统的信息安全防范意识。

#### 3. 主题报告

结合国家战略层面、企业商用层面的信息安全专题研讨，学生以小组为单位将课前完成的相关主题报告在课上与同学们分享，结合教师点评及学生互动，

---

\* 黄梯云，李一军. 管理信息系统［M］. 北京：高等教育出版社，2022：370－372.

加深学生对信息安全管理的必要性和重要性认识，进一步提升学生对管理信息系统的信息管理与安全防范意识，并激发学生的爱国主义热情与使命感。

### 4. 课后任务

综合案例"电子签名在医疗系统中的应用"，简短解读我国智慧医疗的发展现状，以及天坛医院的电子病例无纸化建设工程基本情况，要求同学个人提交关于电子签名如何在医疗系统的应用中确保电子文件安全的思考，并结合本案例分析现有医疗系统中电子签名应用上存在哪些不足亟待改进。

# 五、教学效果

课程思政在推进过程中，始终坚持以学生为中心，制定符合"管理信息系统"课程特征的思政目标，并将课程思政任务贯穿课堂讲授、案例分析、专题研讨、实验、作业等各个环节。融入课程思政教学后，"管理信息系统"课程面向工商管理、市场营销和会计学专业本科生共开展2轮教学，三个专业的选课学生合计400人以上，进一步激发了学生上课的积极性，课程教学达到了预期的思政目标。课堂教学中，选取思政相关主题经典案例研讨十余篇，学生积极参与小组专题报告，选择信息安全、信息化战略与应用、管理信息系统对当代企业影响等方面选题的学生达200人次以上，学生评教结果均超过90分。教师指导学生获得国家级、省级决策模拟竞赛、企业竞争模拟大赛、管理创新大赛等奖项20余项。

# 六、教师感悟

为更好地将课程思政工作服务于立德树人的根本任务，教师必须树立"大思政意识"来主动提升自身的综合素养。在备课过程中，教师应当充分挖掘课程中蕴含的思政教育元素，提高课程思政的广度、深度和温度，使课程思政更有意义、有意思，未来努力在课程思政规划教材编写、打造课程思政示范课程、课程思政教育教学改革等方面继续努力。

## 参考文献

［1］刘烨，李焱，胡文岭. 思想政治教育与"管理信息系统"课程教学融合研究［J］. 教育教学论坛，2023（24）：86 – 90.

［2］徐方秋，今春华. 管理信息系统课程教学创新探索与实践——以北京信息科技大学为例［J］. 中国管理信息化，2023（15）：199 – 202.

［3］赵怡. 国家级一流本科课程建设探索与实践——以管理信息系统课程为例［J］. 河南教育学院学报（哲学社会科学版），2023（5）：46 – 49.

# "战略管理"课程思政教学典型案例

王 琳

## 一、课程基本情况

"战略管理"是工商管理专业的专业核心课程，教学总学时为48学时，3学分。本课程具有清晰而科学的教学逻辑，教学内容按照"战略管理概论—战略制定—战略实施—战略评价—战略管理重要问题"的思路展开。其中，战略制定、战略实施与战略评价三个阶段共同构成了战略管理的过程。本课程主要阐述战略管理的基本概念、基本理论、基本观点、基本方法等内容，实现理论阐述与案例讨论的统一。通过对本课程的学习，学生能够充分认识到企业战略管理的重要作用和意义，深入了解企业战略管理的基本构成和具体内容，牢固掌握战略管理各项工作技能，学会制定各种战略的方法并成功实施已经制定的战略，提高分析问题和解决问题的能力，培养战略思维，为我国企业战略管理水平的提高打下坚实的基础。

## 二、"战略管理"课程思政教学整体设计思路

党的十八大以来，党中央始终坚持把学校思政课建设放在教育工作的重要位置。习近平总书记强调，要不断开创新时代思政教育新局面，努力培养

更多让党放心、爱国奉献、担当民族复兴重任的时代新人。① 在此时代背景和要求下，"战略管理"课程迎来了快速发展的转折与良机，本课程将思想政治教育导向与战略管理课程的固有知识和专业技能有机融合，不断创新思路、谋求发展，不断推动新方法、解决新问题，积极实现"战略管理"课程的思政建设。

## （一）课程目标设置

### 1. 知识目标

能够阐述战略管理的基本概念、基本理论、基本观点、基本方法等，能够掌握战略制定、战略实施及战略评价过程中战略管理的相关知识。

### 2. 能力目标

能够运用战略管理相关知识对企业战略管理过程中的复杂问题进行分析，具备制定企业战略并成功实施战略的能力。

### 3. 素质目标

提高学生分析问题和解决问题的能力，培养战略性思维，使学生成为高素质的战略管理应用型与创新型人才。

### 4. 思政目标

通过本课程的学习，提升学生的思想政治素质，使学生树立正确的世界观、人生观、价值观，塑造历史思维、辩证思维、系统思维和创新思维，能够采用正确的立场、观点和方法去分析问题和解决问题，增强学生民族自豪感、自信心和责任感，实现战略管理课程全过程育人。

---

① 不断开创新时代思政教育新局面 努力培养更多让党放心爱国奉献担当民族复兴重任的时代新人 [EB/OL]. http://cpc.people.com.cn/n1/2024/0512/c64094 – 40234070.html.

## （二）课程思政建设的策略选择

"战略管理"课程具有丰富的思想和理论内涵，该理论内容与社会实践案例分析相互印证，而且在理论教学与社会实践案例分析紧密联系的过程中，可以充分体现并升华思政理念。思想引领、理论内容、案例分析与思政升华四者相互联系、相互补充、相互促进、相辅相成，是一个四位一体的课程思政联动过程。利用此联动过程，可以深化"战略管理"教育教学，实现课程思政教育目标。

### 1. 加强课程思政思想引领

"战略管理"课程作为工商管理专业的核心课程，拥有极强的理论性与实践性，具有长远性、整体性、系统性的特点，与国家、社会、组织及个人的生活息息相关。"战略管理"课程本身的特性就决定该课程蕴含深刻的思政元素，尤其是在国际环境复杂多变的今天，身处国内社会主义现代化建设的新征程，加强"战略管理"课程思政引领显得更为重要和迫切。因此，在教育教学过程中，本课程将社会主义核心价值观作为核心内容，强化立德树人的根本理念，以政治认同、国家意识、文化自信和公民人格为顶层设计，将学生个人价值与国家命运紧紧结合在一起，帮助学生树立正确的世界观、人生观、价值观，牢固树立政治认同与新时代信仰，提升民族自豪感与自信心，增强社会责任感与社会参与度。

### 2. 优化课程思政理论内容设计

理论学习是专业教育的体现，也是学术发展的基础。20 世纪 50 年代以来，经过长期的探索、研究与发展，"战略管理"课程形成了相当完善的理论知识体系。为了更为清晰、整体、科学、有序地实施思政建设，本课程采用了模块化的方式对课程内容进行整合，构建了内容完整、思维顺畅、逻辑缜密的知识架构。

"战略管理"课程教学内容按照"战略管理概论—战略制定—战略实施—战略评价—战略管理重要问题"的思路展开。其中，战略制定的理论教学内容包括企业愿景与使命、外部分析、内部分析、行动中的战略、战略分析与选择；战略实施的理论教学内容包括管理、运营、营销、财务、研发和管理信息系统的相关战略实施；战略管理重要问题涉及商业伦理、社会责任、环境可持续性、全球化、国际化等内容。战略制定、战略实施与战略评价三个阶段共同构成了战略管理的全过程，战略管理概论与战略管理相关重要问题分别是战略管理学习的基础和延伸。理论教学注重阐述战略管理的基本概念、基本理论、基本观点、基本方法等。

### 3. 进行课程思政案例分析融合

将具体案例融入"战略管理"课程教学，能够促进智力教育与德育教育的融合，是理论教学与实践教学的桥梁。"战略管理"课程采用现实生活中的大量、典型企业案例，解释和深化战略制定、战略实施与战略评价的理论内容，强化理论知识的理解，鼓励学生利用社会案例分析和解决实际问题，增强学生参与度，贴近现实生活，为后续参加社会工作奠定基础，实现理论阐述与案例讨论的统一。

值得注意的是，在案例教学过程中，我们会兼顾深化三方面的内容：首先，立足中国视角，讲好中国故事。挖掘本土鲜活案例，增强民族自信心与自豪感。其次，以企业层面的案例为主。大量使用企业案例与工商管理专业的专业性质具有内在本质联系，为了培养工商管理人才，本课程会以企业案例为主。最后，兼顾国家层面和个人层面的案例。"战略管理"既是企业运营的科学指引，也是国家战略和个人发展的知识基础。国家的发展与个人的进步都离不开战略管理的理念和思想，因此，我们会注重战略管理知识的思维延伸。

### 4. 实现课程教学思想政治升华

思政升华是课程价值的体现，能够达成立德树人的目标。从爱国主义教育、社会主义核心价值观教育、辩证唯物主义的哲理和职业素养教育方面，萃取课程思政元素，将其饱含深情、润物无声、源源不断地渗透于教育教学内容之中。在爱国主义教育方面，让学生见证我国优秀企业的崛起过程；在社会主义核心价值观教育方面，将国家层面的价值目标、社会层面的价值取向与公民个人层面的价值准则转化为学生们的情感认同和行为习惯；在辩证唯物主义的哲理方面，进行辩证唯物主义教育，让学生能够用辩证的观点看待问题、分析问题和解决问题；在职业素养教育方面，培养学生建立创新意识、竞争意识、团队意识等。促进知识与技能、过程与方法、情感态度价值观的三维统一。

## 三、"战略管理"课程思政教学方法及手段

在教学过程中，授课教师会将课程思政切实融入课堂教学建设的全过程，既要推进专业课程的全方位、高质量发展，又要使学生在专业课的学习全过程中受到潜移默化的教育，将正确、全面的思想政治教育知识内化于心、外化于行，实现润物细无声的教育效果。

### （一）线上线下混合式教学

#### 1. 线上教学部分

"战略管理"课程采用跨校修读学分的形式，使学生进行在线学习，实现了优质思政教育资源的共享。在开展跨校修读学分的过程中，授课教师结合实际，确定选用课程，精品开放课程建课教师与用课教师组建教学团队，共同备课、研讨课堂教学方法和手段，充分利用网上课程资源，实现课下学习基本理论知识，课上积极研究讨论的教学模式，可以激发学生兴趣，拓宽学生思路，开阔学生眼界，培养学生发现问题、研究问题和解决问题的能力。跨校修读平台展示如图 1 所示。

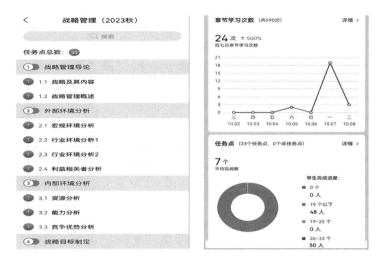

**图1 跨校修读平台展示**

## 2. 线下教学部分

课堂讲授与案例讨论相结合、多媒体课件与板书相结合。适时采用翻转课堂、课堂测验等教学方法，检查学生对知识点自学情况及重点内容的掌握程度。通过随堂测验、教师点评、答疑解惑等方式，完成学生对所学内容特别是重点、难点问题在理解、掌握与应用方面的自检与修正。在问题交流与研讨环节，采用引导法、启发式教学，让学生有所发现、有所比较、有所作为、有所反思、有所评价，带领学生参与高阶性学习、提高学习的挑战度、公正合理评价学习成果。

## （二）案例教学

案例教学的目的是促使学生通过实践，加深对理论的理解和掌握，使学生透彻理解企业战略管理工作中各环节之间的关系，回顾企业的发展与崛起过程，激发学生的爱国热情，提升民族自信心与自豪感。

第一，课堂引导案例。这种案例选取的是企业全貌的缩影或某个侧面情况，可使学生在较短时间内掌握案例全貌，迅速抓住问题实质。课堂引导案例的来源：教材中摘取；经济类报纸、期刊中收集；教师加工编辑案例；视频案例收集等。

第二，课堂讨论案例。给出相关案例，根据讨论主题由学生在课堂上根据书面材料进行讨论发言，鼓励学生利用各种信息手段收集类似案例，同时参考课堂演示进行书面分析，最后由学生在课堂上根据书面材料发言、教师客观准确评价，并据此给出学生成绩。这种模式可以把企业战略管理的知识点与思政信息结合起来进行实践思考，从而巩固学生所学理论知识，提高学生分析问题、解决问题的能力。

第三，大型案例分析。首先，在上课之前老师把案例分发给学生，学生仔细研读，将问题确定；其次，分析问题的原因，提出解决问题的方案；最后，在教师指导下学生对问题进行探讨，比较不同的方案，根据案例中公司的目标，利用辩证思维、创新思维、竞争思维提出行动建议。

# 四、教学效果

"战略管理"课程思政建设以立德树人为中心，确立"德智融合，思学并举"的教学理念，并依据此教学理念，整合教学内容，构建教学场景，实现教学目标，达到了"德"与"智"、"思"与"学"的完美结合。本课程受到学生高度认可，历年来学生评教结果均超过90分，学生普遍认为，教学过程中没有明显的思政植入感，取而代之的是春风化雨般的积极改变。

迄今为止，共计238名学生参加了PPT展示活动，涉猎经济、社会、文化、人口、政治、政府、法律、技术、自然环境、竞争、企业管理、生产运营、营销、财务会计、管理信息系统、研发等主题超过100项。

战略管理课程思政教学改革研究项目"'一中心、两抓手、三联动'的战略管理课程思政教学模式研究与实践"已立项。

# 五、教师感悟

课程思政在人才培养过程中具有重要的地位和作用。然而，目前"战略管理"课程思政建设尚处于起步阶段。传统教学模式中，教师更倾向于理论的讲解和知识的传授，忽略了其中的思政环节，从而不利于立德树人目标的实现。未来"战略管理"课程会积极践行课程思政，不断优化教学设计、创新教学方法、深化教学思想、完善教学内容，不断拓展战略管理教育教学内容的深度和广度，促进学生思想政治素质的提升。

## 参考文献

[1] 格根塔娜．地方高校《企业战略管理》课程与思政元素的融合探究 [J]．呼伦贝尔学院学报，2023（6）：129–134.

[2] 李萌萌．企业战略管理课程思政教学探析 [J]．科技创业月刊，2022（4）：123–125.

[3] 王昶，邓婵，何琪．"三维两轮一体"的 MBA 战略管理课程思政模式研究 [J]．创新与创业教育，2022（5）：82–87.

[4] 王昶，周依芳，何琪．基于线上教学的"战略管理"课程思政设计与实践 [J]．黑龙江教育（高教研究与评估），2023（1）：65–67.

[5] 王景峰，王晔．《战略管理》课程融合式教学路径探析 [J]．内蒙古财经大学学报，2023（2）：34–38.

# "国际市场营销"课程思政教学典型案例

郑毅敏

## 一、课程基本情况

"国际市场营销"课程是市场营销和国际经济与贸易专业的必修课程之一，是理论与实践一体化、教学做一体化的应用性课程。教学总学时共 52 学时，其中实训操作 12 学时，课堂教学 40 学时。

通过课程学习，学生可系统地掌握国际市场营销的理论、方法和技巧；能分析国际市场营销环境，研究国际市场购买者行为，制定有效的国际市场营销组合策略，有计划地组织和控制国际市场营销活动；提高学生正确分析和解决国际市场营销管理问题的理论水平和操作能力，更好地适应经济全球化和中国入世背景下全面对外开放的企业国际市场营销管理工作的需要。

## 二、"课程思政"教学整体设计思路

首先，教学目标引入思政目标，在课程大纲中设置了如下思政目标：通过政治教育元素、价值观元素、中华传统文化等思政元素的融入，实现专业课知识教育和思想政治教育的融合，形成教学做一体，培养具备人文精神、科学素养和诚信品质高素质市场营销人才。

其次，在教学设计上，力求将课程思政元素渗透到每一个教学章节。思政元素引入各章节教学中均遵循与专业相关度高、典型等基本原则。例如，在国际市场营销环境分析中，引入思政要点"正确认识国际贸易环境都是基于本国经济发展需求，所谓的西方市场经济也是如此。深刻了解跨文化差异，树立文化自信和全球视野"来引导学生正确认识国际市场的经济文化等环境。

最后，在教学实践中，采用创新教学模式与方法，引导学生课内外全程参与课程思政，以实现对学生价值观、人生观和世界观的正确引领。

## 三、"课程思政"教学方法及手段

"国际市场营销"课程教学形式基于 OBE 理念，通过各种先进的网络和通信技术，搭建师生无缝联系网络，实施学生为主体、教师为客体的学习过程。由三部分组成，即"阅读—提问—行动"。

首先，课前教师根据课程需要列出阅读的相关资料，并适当加以指导；学生按照要求认真阅读材料，思考并提出问题。在这一环节中，教师会根据教学内容提供思政资源，包括中国优秀文化，民族品牌、技术突破等。

其次，打造"问题型"课堂。学生课前充分阅读材料并思考，在课堂是问题的主要提出者，教师是引导和补充者，"any question"应该是教师在课堂中使用频率最高的词汇。通过引导学生针对答案作出新的思考和提出新的问题，来调动学生学习的主动性，培养学生独立解决问题的能力，以及发展学生的逻辑思维能力。例如：如何从国际目标市场选择的角度理解我国的"一带一路"倡议？

最后，课后通过"行动导向"学习，把知识通过应用转化为能力。教师组织学生根据兴趣或者行业形成学习小组，通过一定工作量的案例分析以及策划方案来解决实际问题。学生进行营销调研，分析国际市场营销现状以及存在的问题；基于 STP、竞争战略以及营销组合策略提出企业国际市场营销对策，通过实训，更加深刻地理解本地化和差异化产品策略、定价策略、促销策略的含义和实践。实践或者实训是课程思政的建设重点。

# 四、"课程思政"教学实施的具体案例

在全球化时代，国家形象和声誉显著影响人们对该国产品（服务）的态度（Han，1989）。同时，全球性品牌资产也能提升国家品牌形象。中国品牌"走出去"已经成为中国经济发展的趋势之一，在品牌国际化过程中"讲好中国故事，树立中国品牌"。

## （一）学情分析

1. 教学章节：第十二章第六节 国际市场品牌

2. 教学目标和基本要求

（1）掌握全球品牌内涵；掌握原产地效应与全球品牌；理解国际市场的品牌管理。

（2）思政目标：了解企业品牌与国家品牌密不可分的关联，通过国内企业国际化过程中品牌建设的案例学习，树立国际化信心，接受"讲好中国故事，塑造中国品牌"的营销观念，并掌握营销战略和策略。

3. 教学重点和难点

（1）教学重点：深入分析全球品牌内涵；新时代经济全球化趋势下探讨中国企业品牌进入国际市场的策略。

（2）教学难点：通过原产地效应导入中国企业特别是技术行业在品牌国际化过程中原产地效应带来的负面影响，结合案例找到突破的路径。通过进一步探讨企业品牌和国家形象密切关系，树立中国品牌要充分借力全球平台，更好地传递中国声音、提升中国全球形象的国际营销观。

4. 授课对象：市场营销专业和国际贸易专业

5. 教学方法

注重教学方式的启发性和教学方法的灵活性，采用"线上线下混合＋翻转课堂"模式，引导学生围绕课程主题进行深入思考和探讨。学时安排为"线下1学时＋线上预习"。线上内容为"大疆无人机的海外营销策略"案例资料以及相关的问题讨论（大疆品牌建设的核心部分是什么？大疆无人机"双发布会"策略的原因以及对其品牌国际化产生了哪些影响？）。

## （二）课堂教学内容

### 1. 课程导入

习近平总书记提出：推动中国制造向中国创造转变、中国速度向中国质量转变、中国产品向中国品牌转变。① 中国品牌国际化是未来中国经济发展的趋势之一。课堂上展示大疆案例，同时启发同学们举出相关例子，提高对中国品牌国际化现状的认知。

### 2. 树立品牌自信，掌握塑造全球品牌核心

（1）全球品牌的内涵。全球品牌的营销学定义是在全球范围内使用某个名称、术语、符号、设计或者以上组合，旨在标识某个企业商品或者服务，使其与竞争对手区别开来。但品牌的价值在于：其在与消费者互动中，形成了独特的品质，消费者会愿意为这些品质支付溢价，从而形成了品牌资产。中国大部分产品在国际市场以贴牌为主，缺乏与全球消费者的互动，所以中国品牌认知度也非常低。加上中国仍然是发展中国家，国家品牌形象溢价也

---

① 以品牌建设促服务业高质量发展［EB/OL］. http：//theory.people.com.cn/n1/2023/0803/c40531－40049471.html.

不高，这些因素综合造成很多人对中国品牌国际化缺乏足够信心。

（2）大疆无人机品牌营销讨论。首先，通过无人机国际市场现状的探讨，了解全球无人机市场的发展现状、发展趋势以及机会，对大疆的领导者地位达成共识，增强对中国企业中国品牌国际化的信心。其次，围绕"大疆品牌建设的核心部分是什么"这一问题展开品牌塑造相关策略知识的学习和讨论。启发学生从多个角度认识到在知识经济时代，消费者对于产品和品牌独特品质的新诉求。最后，教师总结在新市场环境下，大疆给出中国企业品牌国际化最核心的竞争力是技术创新。配合国家产业升级的宏观政策的扶持，我们的企业应该努力创新，走向国际市场。

### 3. 原产地效应与全球品牌

企业品牌形象受到诸多因素的影响，其中，跨国公司的原产地对市场和产品的影响不容忽视，特别是一些负面的影响。

原产地效应的产生有的是因为消费者对某些国家的某类产品存在笼统而又模糊的成见，例如法国的香水、中国的丝绸。这些属于正向的影响，但对于技术类产品，如果产地不是发达国家，消费者对其看法趋向消极。大疆"双发布会"策略以及请国际测试机构，都是通过营销策略消减国际市场原产地负效应的措施。

通过案例分析我们得到的启示是可以通过营销手段提升品牌形象，更为重要的是懂得企业品牌和国家形象之间的一体关系。祖国强大了，企业国际化之路会少很多崎岖，同时企业品牌享誉世界也能提高国家形象。在企业国际化过程中，要讲好中国故事，塑造中国品牌。

## 五、教学效果

"国际市场营销"课程融入思政，以学生熟悉的中国企业进入国际市场案例等作为教学背景，把政治教育元素、价值观元素、中华传统文化等思政元素融入教学，树立国际化信心，接受"讲好中国故事，塑造中国品牌"的营销观念，并掌握营销战略和策略。这是"润物细无声"的渗透而不是生硬的说教，有利于提高课程思政的成效。概言之，教师在授课过程中潜移默化地融入思政元素进行教学，是一种较为合适的教学方式。

# 六、教师感悟

互联网下成长起来的这一代大学生突出的特征是自我认知形成早，也就是社会上的"早熟"和"个性、自我"等。对这样的群体如果进行说教式的思政教育，很可能引起抵触情绪，实际教学效果往往达不到理想效果。高校教师应该有机融合思政内容和专业课程，通过以学生为中心的教学方法和教学设计，启发引导学生通过自我思考内化社会核心价值观。本课程通过知识教育和思想政治教育的融合，形成教学做一体，培养具备人文精神、科学素养和诚信品质高素质市场营销人才。

## 参考文献

［1］毕晶. 构建"课程思政"的"三位一体"：以《经济学》课程为例［J］. 山西财经大学学报，2020（S2）：57 - 60，71.

［2］陈原，叶德万，刘惠.《国际营销学》课程思政探索与建设实践［J］. 现代商贸工业，2022（10）：156 - 159.

［3］教育部关于印发《高等学校课程思政建设指导纲要》的通知［EB/OL］. http：//www. moe. gov. cn/srcsite/A08/s7056/202006/t20200603_462437. html.

［4］徐苏妃，阳正义."国际营销学"课程思政教学的有效路径［J］. 西部素质教育，2022（6）：39 - 41，94.

［5］张晓磊，张为付，谢正勤，新时代的经济全球化趋势与中国经贸大国担当［J］. 大学教育，2022（11）：179 - 181.

# "中级财务会计"课程思政 教学典型案例

赵淑惠

## 一、课程基本情况

"中级财务会计"课程是会计学专业的核心主干课程,教学对象为会计学专业本科学生。根据教学内容难易程度可分为"中级财务会计1"和"中级财务会计2"两门课程,分别在第三和第四学期开设,教学学时分别为64和48学时,其中分别包含12学时实践内容。"中级财务会计1"是中级财务会计课程的基础部分,主要针对资产、负债、所有者权益、收入、费用、利润及财务报表的基础知识进行系统讲述。学生通过对本课程的学习,能够熟练掌握并运用六大会计要素的确认、计量、记录方法以及以财务报告为代表的会计信息披露方式,具备基本的财务会计理论体系及基础的执业能力和职业资格能力。"中级财务会计2"是中级财务会计课程的提高部分,主要针对会计实务中具有一定复杂性、专业难度相对较大的知识部分进行专题讲授,主要内容包括金融资产、长期股权投资、投资性房地产、非货币性资产交换、资产减值、债务重组、借款费用、所得税以及会计调整九个专题。学生通过研修专题,在熟练掌握相关核算方法的前提下,能够具备综合分析问题、解决问题的能力,同时具备一定的创新创业能力。

# 二、"课程思政" 教学整体设计思路

构建和实施课程思政必须基于人才培养的全局视野，站在整个专业层面进行思考，经管法三大学科课程思政的聚焦点应是治国理政（董必荣，2022）。国际高等商学院协会（AACSB）认为，商科教育的培养目标应包含以下几个方面：商业伦理、沟通能力、批判性思维、全球性思维、决策能力、团队能力等。从本校专业实际来看，会计学专业旨在培养学生正确的世界观、人生观和价值观，具备良好的思想道德素养和社会责任感，懂交流、善合作，掌握会计、审计、财务及管理相关专业的知识，具备精深、细致分析和解决专业问题的能力，能够在政府经济管理部门、国内外大中型企业、金融机构、研究咨询机构和社会组织等领域从事会计、审计、分析、研究、预测工作的高素质应用型专业人才。深研专业思政的"三观"定位，结合中级财务会计课程在专业教学中承上启下的基础性核心课程定位，本课程的思政教学首先站在马克思主义哲学、治国理政的高度、站在商务规则和商务伦理的高度进行课程思政定位思考，凝练出"诚信为本，德本财末，经世济民"十二字课程培养素质目标。基于会计"资产＝负债＋所有者权益"这一会计恒等式与中国传统文化中相契合的"平衡"理念为始终，遵循"目标—内容—方法—评价"这一 OBE 导向的设计思路，以财务会计中资产负债表为"平衡"理念的内容载体，将目标、内容重新解构，将十二字素质目标与不同的知识点内容结合，并具体融入教学全过程。资产负债表"平衡"理念下的教学基本设计逻辑思路如图 1 所示。

# 三、"课程思政" 教学方法及手段

六大会计要素是会计专业理论、方法学习的概念起点。学生完成"基础会计" /"会计学" 前序课程学习之后，对"资产＝负债＋所有者权益"这

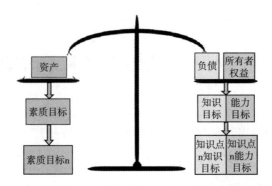

**图1　资产负债表"平衡"理念下的课程思政基本设计逻辑**

一会计恒等式记忆深刻。鉴于该等式在"中级财务会计"课程的灵魂地位，它体现了"×企业"这同一枚企业硬币的两面：×企业的资产代表×企业拥有哪些不同形态的资源（硬币的正面）；×企业的负债和所有者权益代表×企业资产的来源和取得方式（硬币的反面）。这一会计恒等式中体现出的平衡思想和两面的统一性，与专业及课程目标设定中三层次目标之间具有高度的内在逻辑一致性。课程思政教学活动本身对标的就是课程目标中的素质目标，这一高阶能力目标的达成一定是每名学生在其当下及未来所呈现出的资源能力，即资产，而这一高阶素养的形成有赖于学生知识目标和能力目标的达成。换言之，以立德树人为根本目标培养出的"会计全人"学生，应当以一张自己的资产负债表来体现［贯穿学生学习始终的种子计划/＊＊＊（学生姓名）资产负债表］，通过知识和能力（途径）来达成素质（资源）的拥有和提升。将资产负债表"平衡"理念下的课程思政基本设计逻辑具体展开，其实施过程的理论逻辑如图2所示。

# 四、"课程思政"教学实施的具体案例

## （一）教学内容选取与课程思政教学实施设计

以中级财务会计教材"第四章第二节交易性金融资产"这一教学内容为例，该知识点是金融资产章节中一个独立完整的知识点，该知识点是"中级

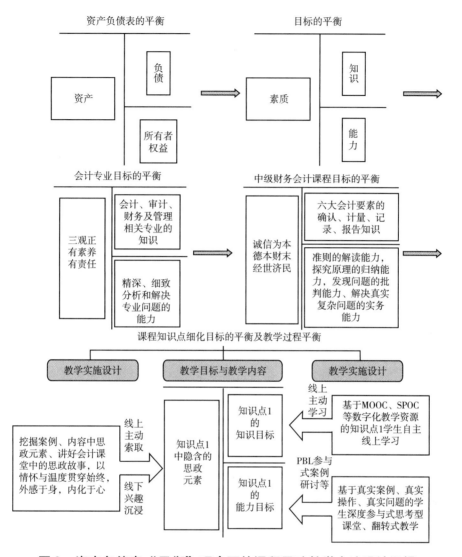

**图2 资产负债表"平衡"理念下的课程思政教学方法设计逻辑**

财务会计2"课程开篇的学习内容,在整个金融资产一章以及整个"中级财务会计"课程学习中,难易度适中偏上。学生在完成"中级财务会计1"中会计基本要素和报表内容的学习之后,基本达到完成参与教学、案例研讨、批判性提问、自主解决问题等前提下的高阶能力培养要求。与此同时,该部分内容可以直接切入学生作为普通大众所关注的兴趣点,如"炒股""挣钱"等热词,以及课程思政提出的十二字目标中的"德本财末"观,能够很好地渗透融入课程,为此,按照"课程知识点细化目标的平衡及教学过程平衡"

教学实施逻辑，"交易性金融资产"资产负债表平衡理念下的课程思政教学设计如图3所示。

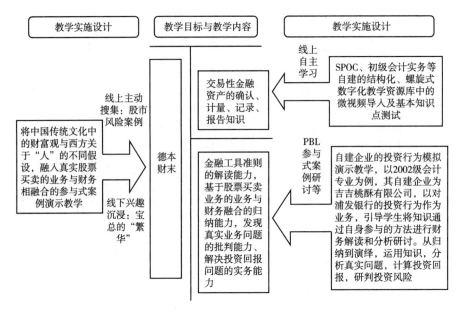

**图3　"交易性金融资产"资产负债表平衡理念下的课程思政教学设计**

## （二）平衡理念下基于BOPPPS的交易性金融资产课程思政教学实施过程

### 1. 线上部分

（1）知识点视频。

①交易性金融资产初始确认、计量（SPOC视频）。

②持有期间确认、计量（SPOC视频）。

③期末确认、计量（SPOC视频）。

④处置时确认、计量（SPOC视频）。

（2）课程思政线上数字资源。

①孔子的财富观（"学习强国"平台）。

②晏子的财富观（"学习强国"平台）。

③萧何的财富观（"学习强国"平台）。

④热点更新：热播剧《繁花》中的股市风险（视频号）。

## 2. 线下部分

（1）电视剧情引入。引发对投资行为深入思考的兴趣。《繁花》中宝总的股票秘籍：从"半日归零"到"永远的赢家"。《繁花》里面的资本运作，映射股市的起伏动荡。

（2）财富观。投票共情参与（见图4）。为树立学生正确财富观埋下思考的伏笔，投票问题设计如图4所示。

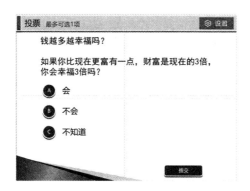

**图4 "财富观"参与式投票设计**

（3）小组参与式股票投资研学过程互动，以学生 X 自建的巧克力梦工厂为投资主体，以模拟的企业投资决策者为引领，以真实的股票信息为背景，进行股票投资过程模拟与实践，如图5和图6所示。

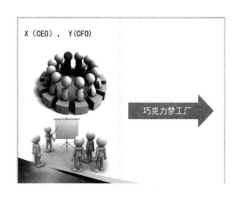

**图5 投资参与主体**

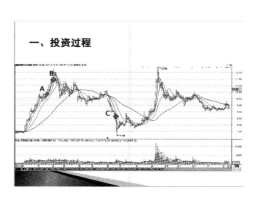

**图6 Z 银行股票投资模拟**

（4）从线上归纳到线下充分演绎再到学生参与总结，从知识能力上升为素质能力，将知识内容高度凝练为思维导图（见图7），同时在价值层面引导学生树立正确的财富观（见图8）。

图7　交易性金融资产归纳性思维导图 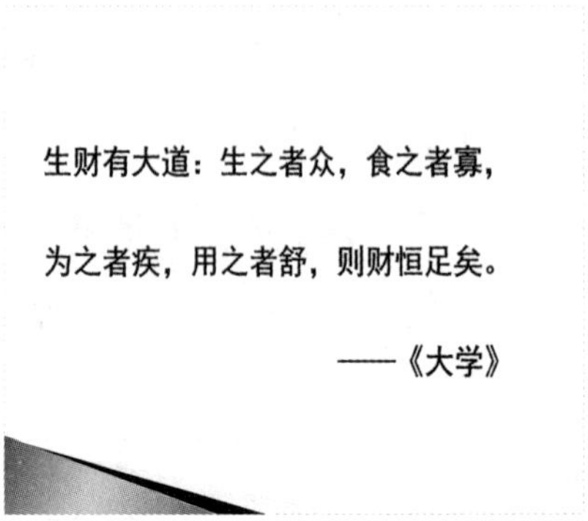　　　图8　中国传统文化中的财富观

### 3. 平衡理念下思政 BOPPPS 混合教学过程总结

基于混合教学与翻转课堂的 BOPPPS 教学设计如表1所示。

## 五、教学效果

从 2019 级、2020 级、2021 级、2022 级的课堂授课效果来看，这种基于平衡理念的融入参与式课堂思政教学模式成效非常显著。在上述内容实例中，学生 A 负责用翻页笔模拟决定投资的买或者卖，学生 B 在黑板上书写会计分录，其他同学以小组为单位在座位上完成研讨和书写，这一模式让学生深刻理解会计核算的对象，即投资行为，让业务与财务充分融合。在课程最后，引导学生跳出会计的技术思维，呼应开篇的思政内容，通过让学生参与投资，计算股票的投资收益，从而对财富进行个体化思考，给出投票结论的科学结果，最终落脚于中国传统文化中的财富观。引导学生在经济行为中的高格局、未来观，打好立德树人的根基。学生们在课堂中认真参与的状态让人动容，

## 基于混合教学与翻转课堂的 BOPPPS 教学设计

表 1

| 教学单元 | B（导入） | O（目标） | | | P（前测） | P（参与） | 参与 2 | P（后测） | S（总结） |
|---|---|---|---|---|---|---|---|---|---|
| | | 知识目标 | 能力目标 | 素质目标 | | | | | |
| 第四章第二节交易性金融资产（2 学时） | 兴趣思政：回顾性快速问答（随机点名）+ 电视剧情引入，引发对投资行为的深入思考，为深入思考兴趣：《繁花》 | 掌握交易性金融资产初始取得、持有期间、会计期末、处置时的会计核算 | 金融工具准则的解读能力，基于股票买卖的业务与账务融合的归纳能力，发现真实业务问题的批判能力，解决投资回报问题的实务能力 | 德本财末 | 提问：1. 交易性金融资产在资产负债表的哪个位置？2. 与交易性金融资产有关的金融资产行为影响哪些项目利润表？（前两问在黑板上板书，画出两张报表的框架）3. 幸福观测试（投票题） | 巧克力梦工厂的股票投资行为（CEO, CFO 两名学生配合） | 教材领读：化繁为简，顺藤摸瓜，序号标注法。将教材中的内容划分区块，标注主题（如会计核算原则，会计科目设置，借贷分录）。按照序号将经济行为分录书写的过程中，引导学生将描述的经济行为成会计语言。领讲化典型例题 | 雨课堂 | 思维导图，思政结束，持续思考 |

在结课时，采用"种子自由说"的形式，学生学会真诚坦露心迹。每一颗独特的种子终将成为他自己，在人生的不同阶段，平衡儒家的自由和道家的自在，成为真正的自己，生成属于自己的资产负债表。

# 六、教师感悟

有一种教育是生命对生命的感动；有一种满足是发现自己生命的美好。真正的教育，不是死板的教条，而应该是关心人性，是尊重不同。也许，在教与学的这条路上，永远有矛盾，永远有对立，永远有不理解，但是，那又如何？言传身教，便是教师之于学生的榜样力量。曾经，我也被学生的评教深深困扰，讨好就意味着水课，坚持是一份难得且珍贵的勇气。春播夏长，秋收冬藏，这是大自然的平衡也是规律，我相信，时间会诉说静待花开或大树参天的故事，让财务会计的专业枯燥在思政温度的平衡下，一路生花吧！

**参考文献**

［1］董必荣．论课程思政的本质与内涵［J］．财会通讯，2022（12）：21 - 26.

［2］董必荣．论课程思政的建设思路与落地路径——以"会计学"课程为例［J］．财会通讯，2022（14）：20 - 23.

［3］赵宇恒．《中级财务会计》课程思政建设路径［J］．财务与会计，2022（23）：18 - 20.

# "行为金融学"课程思政教学典型案例

徐小博

## 一、课程基本情况

"行为金融学"课程是金融学专业的专业任选课程，教学总学时为 32 学时。本课程通过对投资者实际决策行为的研究，探索了主流金融学理论的不足。"行为金融学"考察投资者在实际决策过程中，由于心理偏差而产生行为变化的作用机理，形成基于行为资产组合理论和行为资产定价模型。本课程从有效市场假说和期望效用理论面临的质疑和挑战开始，讲解经典行为金融学模型，包括框架理论、前景理论、股票溢价理论等内容，分析金融市场中群体行为与公司金融行为。通过对本课程的教学，学生能够进一步理解经典金融学理论的不足以及心理因素在投资决策过程中发挥的重要作用，正确认识金融市场中的异象问题，培养学生运用行为金融学理论进行投资实践。

## 二、"课程思政"教学整体设计思路

"行为金融学"旨在探究金融决策背后的心理动因，是金融学、心理学、行为学、社会学等学科相交叉的边缘学科。在本课程思政的教学中，应注重教学目标、教学内容、教学方法和评价机制的整合与优化。通过将思政元素与行为金融学有机结合，引导学生以客观事实为基础，树立正确的价值观和社会责任感；重视国家金融安全问题，培养学生的爱国情怀和责任感；提高风险管理意识，加强团队合作与沟通能力；建立创新思维与批判性思维，不断在金融实践中创新和挑战传统观念，进而适应市场的变化和发展。

# 三、"课程思政"教学方法及手段

第一，案例教学法。通过分析真实的金融市场异象案例，引导学生深入思考行为金融学的理论和实践意义。选择具有典型和现实性的生动案例，强调在尊重事实的基础上，学生的社会责任感和道德伦理在金融市场中的重要作用。

第二，互动教学法。师生互动，鼓励学生提问和发表观点。通过课堂讨论、小组展示等形式，激发学生的思考和探索精神。同时，可以引导学生关注金融市场的热点问题，提高其分析和解决问题的能力，将理论知识同社会实践相融合。

第三，课堂实验法。通过模拟金融决策的实际情境，让学生参与到真实的应用场景中，还原金融事件背后真实的心理动态，提高其风险识别与应对能力。

第四，多媒体教学法。利用多媒体教学资源，如视频、音频、图表等，丰富教学手段。通过观看相关视频、演示图表等，帮助学生更加深刻地理解行为金融学的发展趋势。

# 四、"课程思政"教学实施的具体案例

本案例结合"行为金融学"教材第五章"判断和决策中的认知偏差"中第三节"框定依赖偏差"进行具体教学案例展示（见表1）。

表1                 **"框定依赖偏差"课程思政教学案例**

| 教学内容 | 教学知识点 | 课程思政切入点 |
|---|---|---|
| 框定依赖偏差 | 一、背景对判断的影响 | 切入点：主观感受与客观现实。<br><br>案例介绍： 哪条线段更长？<br><br>缪勒－莱尔错觉（Müller-Lyer illusion）：两条原本等长的线条因两端箭头的朝向不同而看起来箭头开口朝内的线条比箭头开口朝外的线条要短些的现象。<br>案例分析背景包括：（1）不同方案的比较；（2）事情发生前人们的想法；（3）问题的表达方式；（4）信息的呈现顺序和方式。<br>人们之所以会产生错觉是因为线段两端的箭头给了线段厚度上的幻觉，于是大脑运用解决三维问题的启发法来判断到底哪条线段更长。指向线段两边的箭头使得下面的线段看起来比真实位置远一些，而指向线段外侧的箭头则使上面的线段看起来比真实位置更近一些。大脑接着用启发法解决问题，近处的物体比远处的物体看着大一些，于是得出上面线段更长的结论。<br>此谬误说明了人们如何受到主观感受的影响，从而对客观现实产生误解。这表明在认知过程中，主观感受和经验起到了重要作用。此错觉还反映了视觉认知并不总是准确的，它可能受到许多因素的影响。同时引导同学们思考如何更全面、更批判性地看待事物，避免单一的视觉或认知偏见 |
| | 二、框定依赖实验<br>三、框定依赖对恒定性的违背<br>四、框定依赖对优势性的违背<br>五、框定依赖导致诱导效应 | 切入点：框定依赖偏差的普遍存在与认知偏差纠正。<br>案例介绍：士兵突围<br>情形1：一位将军在敌人优势兵力的威胁下，处于进退两难的境地。情报员报告说，可以在两条路线撤退方案之一进行选择，否则，他们会遭到伏击，600名士兵将全部被歼灭。如果你是这位将军，你将选择从哪条路线撤离呢？<br>路线一：有200名士兵可以得救。<br>路线二：有1/3的可能全部获救，有2/3的可能无一获救。 |

续表

| 教学内容 | 教学知识点 | 课程思政切入点 |
|---|---|---|
| 框定依赖偏差 | 二、框定依赖实验<br>三、框定依赖对恒定性的违背<br>四、框定依赖对优势性的违背<br>五、框定依赖导致诱导效应 | 情形2：假设情报员告诉说，他可以在以下两条撤退路线中进行选择。如果你是这位将军，你将选择从哪条路线撤离呢？<br>路线一：将有400名士兵遇难。<br>路线二：有1/3的可能无一遇难，有2/3的可能全部遇难。<br>实验结果：在情形1中，绝大多数实验者选择路线一；在情形2中，绝大多数实验者选择路线二。<br>结果分析：情形1是从保全士兵生命的角度描述的，情形2则是从失去生命的角度提出来的。人们对实质相同的问题作出了不同的选择，说明存在框定依赖偏差。<br>在现实生活中，框定依赖偏差是普遍存在的，因而诱导效应也被广泛采用。所以，在市场营销实践中，比较商品直接提价和取消打折以提高价格这两种方式，后者比前者更容易让消费接受。直接提价被消费者视为损失，而取消商品折扣则被认为是部分收益消失。<br>框定效应的学习有助于同学们认识到认知偏差的存在，学会如何纠正这些偏差，有助于提高同学们的判断力和决策能力。引导学生们树立正确的价值观，培养独立思考和自主选择的能力，有助于避免受到不合理的框定效应的影响 |

# 五、教师感悟

课程思政不仅是一种教育方法的创新，更是一种教育理念的改变。作为教师，需要我们时刻保持敏锐的洞察力和责任感，履行好教师的职责，积极探索课程思政的新路径和新模式。学生是课程思政的主体，他们的参与和体验是课程成功的关键。我们在理解学生们共性特征的同时，尊重他们的个性差异，引导他们积极参与课堂讨论、社会实践等活动，让他们在亲身体验中感悟思政教育的真谛，培养他们的社会责任感和公民意识。思政课程需要我们注重课程的实效性和创新性，不断吸引和感染学生，激发他们的学习热情和创造力。

## 参考文献

［1］李倩，刘万海．从"外嵌"走向"内生"：高校课程思政深化的实践取径［J］．黑龙江高教研究，2024，42（1）：55 – 61.

［2］莫贤锐，陈涛．金融市场学课程思政元素挖掘与融合对策［J］．现代商贸工业，2024，45（4）：159 – 161.

［3］任行伟，吴宏伟．金融学课程思政建设的三重维度［J］．平顶山学院学报，2023，38（6）：11 – 15.

［4］周文，李正旺．金融学专业课隐性课程思政的设计思路——以"国际金融学"为例［J］．黑龙江教师发展学院学报纸，2024，43（1）：75 – 78.

# "业绩评价与激励机制"课程思政教学典型案例

闫　肃

## 一、课程基本情况

　　"业绩评价与激励机制"课程教学总学时为 48 学时，教学对象为本科三年级。本课程是会计学专业方向课，是管理会计、财务分析等专业核心课程的拓展应用，也是公司战略与风险管理等纵深课程的先修基础。本课程主要介绍业绩评价和激励机制的理论、工具、技术、方法及实务应用，旨在培养学生掌握预算、杜邦分析、EVA 和 BSC 等业绩评价的方法及应用技能，锻炼学生设计激励计划的操作能力，让学生从国际视野和企业实际出发分析、解决实务中的业绩评价和激励问题，具备一定的企业中高层管理者的职业思维和理论素养，为从事相关领域的工作夯实基础。

## 二、"课程思政"教学整体设计思路

　　本课程以立德树人为根本任务，将思想政治教育融入课程教学，实现知识传授与价值引领的有机统一，具体教学设计思路如表 1 所示。

**表 1** 　　　　　　　　　　　　**课程思政教学设计思路**

| "课程思政"教学总体思路 | 课程内容融入思政元素 | "课程思政"教改创新点 |
|---|---|---|
| 明确教学目标 | 明确立德树人教学目标。在业绩评价中，诚信是基础。通过分析企业中诚信的重要性，培养学生的社会主义核心价值观、职业道德和社会责任感 | 理念创新：树立全员全程全方位育人的理念，打破传统意义上思政课程与专业课程的界限，将思政元素融入专业课程教学，实现立德树人的根本任务 |
| 优化教学内容 | 针对业绩评价与绩效考核，通过阿里、华为等实际案例，引导学生关注社会热点问题，增强社会责任感和使命感 | 内容创新：选取具有时代特征的思政元素，如诚信、创新、团队协作等，形成具有特色的思政教学内容 |
| 创新教学方法 | 在讲授之外增加案例教学法、情境模拟法、小组讨论法等多样化教学方法，激发学生的学习兴趣和主动性。通过课堂互动、角色扮演等方式，让学生在实践中体验和感悟思政元素 | 方法创新：采用多种教学方法和手段，注重学生的参与和体验，激发学生的学习兴趣和主动性。同时，充分利用信息技术手段，如在线课程、虚拟仿真等，提升教学效果 |
| 建立多元化的评价体系 | 将学生的思政表现纳入课程考核中，综合考查学生在课堂上的表现、小组讨论成果、作业完成情况等方面 | 评价创新：建立多元化的评价体系，将学生的思政表现纳入课程考核中，全面评价学生的综合素质和思政素养 |
| 加强师资培训 | 加强对教师的思政培训，提升教师的思政素养和教学能力。鼓励教师开展课程思政教学改革研究，总结经验，推广成果，形成良好的教学氛围 | 团队合作创新：鼓励教师跨学科合作，共同开展课程思政教学改革研究。通过团队合作，整合资源，形成合力，推动课程思政教学改革向纵深发展 |

综上所述，"业绩评价与激励机制"课程思政教学总体思路紧密围绕立德树人这一根本任务展开，注重教学内容、方法、评价等方面的创新。通过本课程的思政教学改革实践，旨在培养具有社会主义核心价值观、良好职业道德和社会责任感的高素质人才。

# 三、"课程思政"教学方法及手段

为了更好地将思政元素融入课程，本课程采用以下有针对性的教学方法及手段。

## （一）案例教学法

选取具有代表性的企业案例，尤其是我国的优秀企业案例，如华为、阿里巴巴等，分析其在业绩评价与激励机制方面的实践。通过案例分析，引导学生深入思考，理解企业战略与业绩评价、激励机制的内在联系。

## （二）小组讨论法

组织学生进行小组讨论，探讨企业在业绩评价与激励机制中如何平衡各方利益、如何处理利益冲突等问题，让学生在讨论中提高思辨能力，加深对课程内容的理解。

## （三）角色扮演法

让学生模拟企业中的不同角色，如管理者、员工等，体验不同角度对业绩评价与激励机制的看法。通过角色扮演，增强学生的代入感，培养其多维度的思考方式。

## （四）线上线下相结合

利用多媒体教学资源，如视频、PPT 等，丰富教学手段。同时，利用线上平台进行互动教学，如设置在线问答、小组作业提交等，增强师生之间的交流与反馈。

## （五）发表展示

组织学生分组，对有代表性的企业案例或理论知识进行讲解，加深学生对企业中的业绩评价方法与激励机制运用的理解。建立小组间互评机制，在相互点评中相互促进，让学生理解团队合作的重要性。

# 四、"课程思政"教学实施的具体案例

前述"课程思政教学整体设计思路"在教学中的具体落实和开展如表2所示。

**表2　　　　　　　　　　教学设计思路的具体落实**

| 授课知识点 | 授课提纲 | 教学方法 | 思政融入点 |
|---|---|---|---|
| （一）基于战略的业绩评价、激励系统框架与激励系统要素（10分钟） | | 课堂讲授+小组讨论 | 辨析企业业绩评价和激励机制内涵，培养树立目标意识。通过小实验证明有明确目标的前提下可以事半功倍 |

续表

| 授课知识点 | 授课提纲 | 教学方法 | 思政融入点 |
|---|---|---|---|
| （二）业绩评价与激励系统的作用（10分钟） | 1. 业绩评价的作用<br>（1）量化企业目标（目的）、实施企业战略（方法）、调动员工积极性。<br>（2）调动经营者积极性。<br>2. 激励的作用<br>（1）挖掘员工潜力。<br>（2）调动员工积极性 | 角色扮演＋小组讨论 | 让学生扮演经营者和员工不同角色，模拟企业中业绩评价与激励机制的制定和实施过程。让学生亲身体验诚信、创新等价值观在实践中的应用，提高其社会责任感和职业道德素养 |
| （三）业绩评价与激励机制系统的特征（10分钟） | （1）员工必须理解他们的工资和奖励制度，同时相信该制度评价了他们所控制的工作以及对企业所做的贡献。<br>（2）业绩评价和激励系统的设计者必须对于该系统是评价员工的投入量还是产出量做出一个谨慎的选择。<br>（3）业绩评价和激励系统监督和奖励的业绩应该反映企业成功的关键因素。<br>（4）奖励制度必须制定员工可接受的明确的业绩标准。<br>（5）评价系统必须有明确的标准才可以精确地评价业绩。<br>（6）在决策制定以及行动中，员工之间的协调变得关键时，奖励制度就应该奖励团队的业绩而非个人的业绩 | 课堂讲授＋案例教学 | 教学过程中，鼓励学生提问，针对学生提出的问题进行深入探讨和解答。通过问答环节，增强师生之间的互动，帮助学生解决实际问题，同时培养学生的辩证思维和逻辑思维 |
| （四）业绩评价和激励系统设计中对人性的假设（10分钟） | （1）人愿意为其组织贡献他引以为豪的东西。<br>（2）企业雇用的员工有能力区分"正确"和"错误"，而且一般都会选择"正确"的方向前进。<br>（3）人都渴望成功。<br>（4）人都喜欢创新。<br>（5）人都希望做能够发挥自己才能的工作 | 课堂讲授＋成果展示 | 培养学生严谨的治学态度，理解理论和实践的差别 |

| 授课知识点 | 授课提纲 | 教学方法 | 思政融入点 |
|---|---|---|---|
| （五）案例发表（5分钟） | 华为绩效考核体系特色 | 发表展示＋小组讨论 | 组织学生进行小组讨论，针对华为的业绩评价与激励机制进行观点分享和交流 |

本学时中，在学生掌握了业绩评价与激励机制的基本框架和作用的基础知识后，通过让学生发表并分析华为的案例，帮助他们理解华为如何坚守诚信、重视和鼓励员工不断创新，引导学生深入理解诚信和创新对企业发展的重要性。华为通过设立创新奖励、提供创新平台等方式，激发员工的创新活力，推动企业的技术进步和产品升级。让学生通过华为的案例，感受到我国企业的崛起和发展，激发学生的爱国情怀。

# 五、教学效果

在"业绩评价与激励机制"课程中融入思政元素后，取得了以下具体成效。

## （一）教育教学改革成果

通过实施课程思政，该课程在教学设计、教学方法和手段等方面进行了深入改革，形成了具有特色的思政教学体系。

## （二）学生评价及学习成果

学生普遍反映在课程学习中收获颇丰，不仅加深了对业绩评价与激励机制的理解，还树立了正确的价值观和职业操守。部分学生还提交了关于诚信和创新等方面学习心得和感悟的作业，表现出对思政元素的深刻认识。

### （三）增进师生感情

教学过程中，师生互动频繁，课堂氛围活跃。

综上所述，通过开展"课程思政"教学，"业绩评价与激励机制"课程取得了显著的教学效果，为培养德才兼备的优秀人才奠定了坚实基础。

## 六、教师感悟

在本课程中开展"课程思政"教学，其优点和成功之处在于以下三点。

### （一）有效融合

将思政元素与专业知识有机融合，使学生在学习过程中潜移默化地接受价值观的熏陶，形成正确的职业观。

### （二）激发学生学习兴趣

通过引入实际案例和情景模拟，提高学生对课程的兴趣，使他们更加主动地参与课堂活动。

### （三）培养学生全面发展

不仅传授知识技能，还注重培养学生的道德品质、团队协作和创新精神，促进其全面发展。

然而，在教学过程中也存在一些不足之处，例如：如何更好地平衡专业知识与思政元素的融合，确保不影响课程本身的连贯性和系统性；如何更有效地评估课程思政的教学效果，不断完善和优化教学设计等。课程思政的效果是长期的，不能仅凭一节课或几次讨论就期望学生发生根本改变。因此，持续跟进和引导显得尤为重要。最后，教师的言行对学生有深远影响。作为教师，应不断提升自己的道德修养和思政素养，为学生树立良好榜样。同时，也需要不断学习和研究课程思政的教学理念和方法，以满足学生不断变化的需求和期望。

## 参考文献

［1］干胜道，刘光强，卫静静，等．智能管理会计课程思政研究［J］．财会通讯，2024（8）：150－157.

［2］李瑞瑞．社会主义核心价值观视角下财务管理专业课程思政团队建设路径研究［J］．才智，2024（15）：57－60.

［3］李占强．基于 OBE 理念的财政与金融课程思政教学实践［J］．金融理论与教学，2024（2）：96－100.

［4］谭维杰．高校金融学课程思政的实施研究［J］．科教文汇，2024，（10）：119－123.

［5］周琴，吴江梅．课程思政评价指标体系构建——以工程会计学课程为例［J］．西部素质教育，2024（10）：63－66.

# "企业经营实训"课程思政教学典型案例

赵　爽　郑毅敏　金珊珊

## 一、课程基本情况

"企业经营实训"课程是院内平台课程，教学总学时 32 学时。本课程以跨专业综合模拟仿真上机实训形式进行，采用体验式教学方式。教学中，让学生站在企业各个层面上来分析和处理企业面对的战略、运营问题，亲身体验企业各种决策中的成功和失败，其目的是通过此种教学手段使学生领悟作为企业经营管理者所应掌握的意会性知识，这是其他教学手段所无法替代的。

课程包括四个阶段：一是学习经营规则阶段，具体包括组织团队，团队建设、制作广告、学习经营规则等；二是企业经营规划阶段，具体包括平台注册、模拟经营、编写企业经营计划书等；三是六个季度企业经营模拟阶段，具体包括开立账户、战略制定、执行策略、经营模拟；四是综合评价阶段，具体包括项目小组经营成果展示、综合排名和总结反馈。

通过模拟经营实训，将大量的管理知识和技巧包含在经营过程中，在决策与实施中，将理论知识和企业实际运营联系起来，是一套行之有效的管理培训方式。该方式能够培养学生的创新精神和实践能力，使学生的沟通能力、敬业精神、社会责任感和团队精神等综合素质得到全面提高。

# 二、"课程思政"教学整体设计思路

推进"企业经营实训"课程思政教学的关键在于建立行之有效的推进机制。可以通过构建"两线三有四化"整合式思政教学改进体系，强化"两线并进"，即以社会主义核心价值观、国情时政、职业道德、社会责任、创新精神等为思政主线，以知识项目结构为专业主线，做到专业不减量、思政提质量。同时，以新文科建设为导向，推进产教融合、校企合作特性，实现校企思政育人双主体。具体实施上，将理论知识、实训操作与岗位能力培训相结合的"三有"教学内容。通过授课教师团队化、授课内容融合化、教学环节模块化和教学实践体验化这"四化"教学模式，提升铸魂育人实效。

# 三、"课程思政"教学实施的具体案例

本课程思政教学实施重点结合课程中模拟经营阶段，从四个学习阶段切入展开：一是学习经营规则阶段，挖掘树立企业家精神等思政元素；二是企业经营规划阶段，挖掘创新创业精神和团队合作精神等思政元素；三是六个季度企业经营模拟阶段，挖掘竞争与合作、诚信守法、有序竞争、坚韧不拔的创业精神等思政元素；四是综合评价阶段，挖掘奋斗精神和树立正确的就业观等思政元素。

## （一）学习经营规则阶段思政教学

本阶段的重点学习内容在于组建公司团队，团队文化建设、制作招聘广告和学习经营规则。教师引入腾讯五虎将的创业故事，为同学导入创业团队构建的基本流程，同时嵌入创业团队的奋斗精神、担当精神和企业家精神的讲授与训练；利用团队负责人的 1 分钟演讲"我是总经理"环节，激发学生的企业家精神，营造创业氛围；鼓励学生进行客观的自我定位，通过 SWOT 分析明确自身优缺点，树立正确的职业理想，坚定爱岗敬业信念，学习岗位职责要求和职业规范要求，具备岗位职责与使命的担当；讲解实训企业经营规则，包括贷款申请、厂房购置、生产线建设、产品研发、市场开拓、广告费用投放等；深入挖掘本课程蕴含的思政资源，在理论讲解过程合理嵌入"浙商代表"娃哈哈宗庆后的创业故事，将知识体系——案例背景与浙商创业故事结合，让学生了解企业家的创业历程与心路。

## （二）企业经营规划阶段思政教学

本阶段的重点学习内容在于进行实训平台注册、模拟经营和编写企业经营计划书等。在上一阶段的学习中，同学们已经有了创业的热情与情怀，本阶段同学们将进入脚踏实地创业阶段，认真进行市场调研与预测、开拓市场、研发产品，并模拟经营。根据模拟经营的结果撰写企业经营计划书。此过程中，创业团队需要充分考虑业务定位、产品开发和组织设计，因此符合国家利益、社会利益和组织利益的经营定位显得尤为重要。深入挖掘本课程蕴含的思政资源，在理论讲解过程合理嵌入华为经营战略定位案例，知识体系——案例背景与华为经营战略定位结合，培养学生家国情怀，树立正确的创业观。

## （三）六个季度企业经营模拟阶段思政教学

本阶段的重点学习内容在于经营模拟实操，学生从最初的创业激情到脚踏实地制定战略再到实战经营。本阶段同学可能会遇到经营中的各种问题，体会到创业的快乐和艰辛。同时，经营过程中经常会出现的偷税漏税、克扣延迟发放工人工资、垄断、不正当竞争、蓄意断供、串通压价等现象，都为思政教育提供了契机。例如，一些企业为了最大化经营利润，出现偷税漏税现象，教师讲解税收的本质是社会主义国家为组织财政收入而参与国民收入分配和再分配的一种形式，是为广大居民利益服务的，体现了一种"取之于民、用之于民"的社会主义分配关系。偷税漏税是对国民经济的伤害与家国精神的背叛，应防微杜渐。出现不正当竞争、串通压价、蓄意断供等现象，教师引导学生认识公平竞争、筑牢商业伦理、承担社会责任的重要性。

### （四）综合评价阶段思政教学

在实训评价阶段，CEO 代表创业团队发言，展示经营成果和综合排名，总结实训收获。教师在总结陈词时，引导学生意识到实训演练的是企业经营，但人生没有彩排，各位同学在面临坎坷和困难时不应气馁，勇敢面对挑战，拥抱变化，努力提升本领，将自身打造为具有使命担当和创新思维的复合型人才，担负起时代赋予的使命，为实现中华民族伟大复兴作出贡献。

## 四、教学效果

通过对本课程的学习，同学在实训总结中反馈有以下几方面的提升：（1）价值层面提升。通过模拟创办企业和经营过程，体会到创业的艰辛和成功的喜悦，更加坚定奋斗精神。通过担任不同岗位角色，熟悉岗位职责和要求，进一步明确就业的方向，不再好大喜功、一味追求好工作，而是脚踏实地选择感兴趣的企业和职位，端正就业观和培养学生敬业精神。课程中设置的惩罚机制，让同学明白企业经营要公平竞争，不能恶意破坏市场公平机制，不能作出违反社会责任的行为，帮助同学树立职业道德和培养企业家的责任感。此外，同学还感叹国家处于蓬勃发展时期，每位同学都应该不断提升自身能力，担负起国家、人民和时代赋予的使命，实现自我价值。（2）能力层面。通过经营实训学习，学生锻炼自我管理能力和团队协作能力。学生自学经营规则，独立完成担任岗位角色的工作都要求同学进行自我培训，提高自我管理能力。公司的顺利经营还要求团队成员精诚合作。实训中的很多环节，如注册、交易、贷款等环节，要求制造企业、贸易企业、工商局、税务局和银行等机构相互沟通，充分锻炼学生的沟通能力。（3）知识层面。通过对本课程的学习，学生能够综合运用企业经营管理相关知识，包括战略、人力资源、企业运营管理、供应链采购、市场营销等，从而科学地策划企业结构、企业文化以及经营规划。

# 五、教师感悟

立德树人是高校的立身之本、办学之基。而跨专业实训课程更是发挥和落实立德树人功能的重要载体。通过"企业经营实训"课程思政教学的实践，可挖掘进行思政教育的切入点，同时融入当代优秀案例，培育学生基本岗位技能，帮助学生树立正确的价值观。通过这些方法，学生的思想政治素养得到了提高，学校的思想政治教育工作也得到了推进。但同时也存在一些问题和不足之处有待进一步改进，未来可以从以下几个方面着手进行：一是加强授课团队思政水平建设，参加校内外课程思政培训，观摩课程思政示范课，协同探索完善课程思政教学体系，将课程思政建优建强；二是为了更好地进行企业经营实训思政育人教学，应引入企业导师，将更多企业真实项目、业务单元引入课堂，校企协同授课，共同评价学生，真正做到以学生为中心，服务企业需求。

## 参考文献

［1］李世平．课程思政教学案例集［M］．上海：立信会计出版社，2022.

［2］刘春宇．企业经营沙盘模拟实训教程［M］．上海：上海财经大学出版社，2020.

[3] 刘平，等. 企业经营管理综合实训——基于企业经营沙盘模拟对抗 [M]. 3版. 北京：清华大学出版社，2021.

[4] 于岩，张友坤，黄少钦. 教学有道——课程思政示范案例 [M]. 北京：清华大学出版社，2023.

# "营销工程"课程思政教学案例

张玲玲

## 一、课程基本情况

"营销工程"课程是市场营销专业的专业任选课程。教学总学时为 32 学时，共 2 学分。本课程主要通过整合营销理论知识、营销决策模型、营销数据、营销问题、营销信息系统以及营销案例库，来帮助营销人员实现决策的数量化、流程化、科学化和规范化，从而提高营销决策的科学性以及营销绩效。本课程的教学内容主要包含营销战略决策中的市场需求预测、市场细分、市场定位，以及营销组织活动中的价格决策、市场选址与分销规划、促销组合规划、销售促进与广告决策等。通过对本课程的学习，学生能科学地看待营销工程与营销决策模型，能运用量化模型、数理统计和计算机仿真等工具进行科学的营销决策与研究，能增强对营销实务操作的理解与运用，加强实践技能的培养。

## 二、"营销工程"课程思政教学整体设计思路

"营销工程"课程是营销管理的市场营销基础课程中应用性较强的课程，结合了经济学应用工具，开展"课程思政"教学重在应用，因此，案例教学是本课程的重点教学方法，以一个个鲜活现实的案例，传授讲解知识点，并且融合应用过程中的马克思思想理论、市场经济理论、社会主义核心价值观等重要理论。总体教学设计如下。

## 1. 问题启发

注重课堂导入，以一系列现实生活认识提出问题，如"大家都知道哪些品牌的洗发水？""同学们喜欢哪种洗发水？""为什么喜欢这种洗发水？"等。

思政目标：引发学生思考，市场经济学理论"产品价值决定价格"。

## 2. 案例演示、线上视频

播放洗发水的一系列广告视频，展示访谈消费者的评价反馈。

思政目标：培养学生社会责任感、注重"以人民为中心"、注重民生，以为人民服务的企业宗旨性为内在价值观、注重企业长期利益与人民群众的生活福祉紧密相连、注重社会主义核心价值观"诚信为本"。

## 3. 对比分析、上机验证

设置小组模拟，对讲授知识点，解决引入案例的实际问题，进行小组分工演练，最后为了完成一个项目新产品总体分析工作，小组再合在一起共同完成。

思政目标：培养学生领会个人价值在组织活动中实现的重要性、培养学生团结合作能力、树立正确的个体主义与集体主义的价值观。

## 4. 学生汇报总结

每个小组汇报总结。

思政目标：不仅专业知识深入复习，更重要培养学生自我的思想思维认识。

# 三、"课程思政"教学方法及手段

当代大学生学习主要特点：

（1）主题意识模糊，对于思政，知其然，不知其所以然，学习知识中过于功利性地选择具体专业知识，没有意识到思政重要指导作用。

（2）大学生的思想政治理论不系统，跨学科灵活运用能力薄弱，缺乏对于经典思想政治理论结合时代性创新发展理解。

（3）大学生面对全网络、全球各种信息冲击，自我思想认识与觉悟存在错误而不自知，而且高考专业知识的学习使学生缺乏自我精神修养与熏陶。

针对当代大学生的思想特点，而且本课程主要针对大四的学生。本课程体现专业课知识融合与总结、突出专业课知识在未来就业或者考研时的重要应用地位，在教学中处理好传统与创新、理论与实践、教师主导与学生主体的关系。教学方法结合多种教育方法与手段，主要有以下几种。

（1）注重课堂导入，增加导入的现实应用性与趣味性。以一种社会现象、市场经济运行的问题或者某个具体的案例，进行分角色探讨与分析，对于政府方、企业方、消费者等进行专业知识与政治思想的提问思考，引入、开展本节课的内容，巧妙地在课程一开始融入思政教育。

（2）对话式教学方法。以对话形式巧妙设置问答内容，以学生为主体引入思考；以小组模拟完成作业，增强同学之间的对话式发散思维思考。在对话与讨论中，传授学生知识，树立学生正确的政治思想，巧妙融入思政教育。

（3）案例教学法。案例教学方法可以让学生主动参与到知识学习中，可以带入应用性案例，将理论与实践相结合，从而更好地解决未来实践中的应用的问题。本课程选择案例会把思政部分的知识讨论与思考一并融入专业知识。这样在案例学习、思考、讨论与作答中，既可完成专业知识学习，更能树立正确的思想政治。

（4）其他教学方法：教学讲授方法、专题教学法、提问式教学法、情景教学法、实践教学法以及多媒体教学法等。

树立"以人为本"的教学理念，坚持与时俱进，理论与实践相结合，培养学生正确的价值观与扎实的专业知识。坚持课前查阅资料自学思考、课后作业巩固相结合，坚定政治与夯实知识点。

综上，多种教学方法和教学环节，让学生全方位多形式感悟思政元素，引发思考，产生共鸣。

# 四、"课程思政"教学实施的具体案例

第一部分：课堂导入，以现实生活问题提问，引发思考。问题如下。

（1）大家都用什么样的洗发水？

（2）大家说的洗发水，有哪些属性（思政全面性、整体性看问题和分析问题）？

（3）这些属性，能不能排序下重要值（思政主次要矛盾）？

（4）如果一个洗发水企业，研发新产品进入新市场，应该如何用营销工具给出最优解（利润最大化，客户满意度最高）（产品价值决定价格）？

第二部分：案例导入（视频引入）。

案例：某公司欲进军洗发水市场，打算开发一款能让市场接受的洗发水，公司通过二手资料分析、专家访谈等方法把洗发水的属性确定为外包装、价格、品牌、功能四个方面。同时，对外包装设计了 A、B、C 三种外包装设计；价格分为 9.9 元、12.9 元、15.9 元三种；品牌设计有甲、乙、丙三种；功能区分为去屑、柔顺和保湿滋养三种。

思政：结合我国社会主义核心价值观，培养学生诚实守信的品质，培养学生的社会责任感。

讨论式教学：把学生按照属性分为四个研发小组进行讨论研究，运用老师讲授的联合分析模型，给出分析结果。第一个小组研究包装，第二小组研究价格，第三个小组研究品牌，第四个小组研究功能。

思政：以学生为主体，引导学生主动思考与参与。培养学生全面性看问题、抓主要矛盾分析问题的能力。

讲授教学、多媒体教学：联合分析，指设定某些产品具有某些属性，然后对产品的不同属性进行模拟组合，让消费者根据自己的喜好对这些虚拟产品属性组合进行判断，按其意愿程度给产品组合进行打分或排序，运用数理统计方法将这些特征与特征水平分离，从而对每一特征及特征水平作出效用评价，以达到分析消费者选择行为的目的，并最终找出符合消费者消费心理的最优产品组合。

联合分析一般包括三个阶段，见表1。

表1 联合分析步骤

| 阶段 | 步骤 |
|---|---|
| 第一阶段设计联合分析方案 | 1. 选择同产品或服务相关的属性 |
| | 2. 选择每个属性的水平 |
| | 3. 确定要评价产品的属性组合 |
| 第二阶段从顾客样本获得数据 | 1. 设计数据收集方法 |
| | 2. 选择计算局部价值函数的方法 |
| 第三阶段设计各种产品设计方案 | 1. 按照顾客局部价值函数划分顾客 |
| | 2. 设计市场模拟方案 |
| | 3. 确定选择规则 |

联合分析的步骤如下。

各小组，开始亲自操作：

第一步，打开 SPSS 正交设计框，Date→Orthogonal Design→Generrate。将包装、价格、品牌和功能四种属性输入框中如有用到标题，格式如图 1 所示。

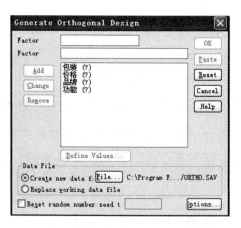

图1 SPSS 正文设计框界面

点击"包装"属性，再选择 Define Values 对其定义。分别对属性价格、品牌和功能定义，选择 Date File 中的 Replace working date file。

思政：因为正交分析结果需要多个小组共同输入完成，四个小组虽然各有分工但是最后进行合作才能得到最终运算结果。培养学生分工与合作的能力。

最后，点击 OK，生成正交设计表，如图 2 所示。

| | 包装 | 价格 | 品牌 | 功能 | STATUS_ | CARD_ |
|---|---|---|---|---|---|---|
| 1 | C | 12.9 | 丙 | 去屑 | Design | 1 |
| 2 | C | 15.9 | 甲 | 柔顺 | Design | 2 |
| 3 | B | 9.9 | 丙 | 柔顺 | Design | 3 |
| 4 | B | 15.9 | 乙 | 去屑 | Design | 4 |
| 5 | B | 12.9 | 甲 | 保湿滋养 | Design | 5 |
| 6 | A | 15.9 | 丙 | 保湿滋养 | Design | 6 |
| 7 | A | 9.9 | 甲 | 去屑 | Design | 7 |
| 8 | C | 9.9 | 乙 | 保湿滋养 | Design | 8 |
| 9 | A | 12.9 | 乙 | 柔顺 | Design | 9 |

**图 2 正文设计表截图**

第二步，收集数据：让四个小组对调查对象对于这九种产品按偏好由 1 到 9 排序，将调查结果输入到 SPSS，如图 3 所示。

| | 受访者 | 组合一 | 组合二 | 组合三 | 组合四 | 组合五 | 组合六 | 组合七 | 组合八 | 组合九 |
|---|---|---|---|---|---|---|---|---|---|---|
| 1 | 1 | 9 | 7 | 8 | 4 | 3 | 5 | 1 | 2 | 6 |
| 2 | 2 | 8 | 4 | 9 | 3 | 2 | 7 | 1 | 6 | 5 |
| 3 | 3 | 5 | 8 | 9 | 4 | 2 | 3 | 1 | 7 | 6 |
| 4 | 4 | 3 | 8 | 7 | 1 | 5 | 9 | 4 | 2 | 6 |
| 5 | 5 | 4 | 8 | 9 | 5 | 2 | 6 | 3 | 1 | 7 |
| 6 | 6 | 7 | 4 | 5 | 8 | 9 | 6 | 1 | 3 | 2 |
| 7 | 7 | 1 | 6 | 4 | 7 | 5 | 2 | 9 | 3 | 8 |

**图 3 调查输入结果截图**

思政：讨论式说服对方。增强每个学生的代入感，增强团队合作的能力。

第三步，进行联合分析：打开程序语言输入窗口：File→New→Syntax 并输入联合分析语句，然后选择 Run→To End，运行程序，如图 4 所示。

| | N of Levels | Relation to Ranks or Scores |
|---|---|---|
| 包装 | 3 | Discrete |
| 价格 | 3 | Linear |
| 品牌 | 3 | Discrete |
| 功能 | 3 | Discrete |

**图 4 模型描述界面**

得到各属性的重要程度，如图 5 所示。

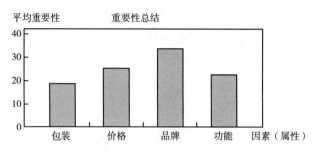

**图 5　各因素（属性）重要程度模型**

思政：坚持整体和部分全面分析。

接下来，每个小组分析每个属性的重要程度，如功能和包装，如图 6 和图 7 所示。

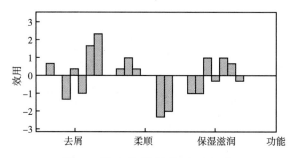

**图 6　单主体的效用重要程度**

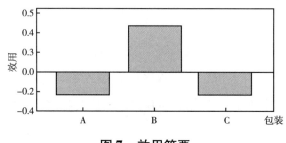

**图 7　效用简要**

通过以上联合分析模型新产品研发工具的应用的课程设计，不仅让同学们深刻领悟主要的模型应用场景与应用方法，更重要的是巧妙地培养了学生全面看问题、抓主要矛盾等的能力，发挥个人能力与团队合作相结合等思想政治。

# 五、教学效果

## 1. 课程目标设定

加入思政实践目标、课后审查等，具体见表2。

**表2**             **课程思政在课程目标中的权重设置**

| 课程目标 | | 占目标权重（%） |
|---|---|---|
| 评价项目 | 课程思政实践 | 20 |
| | 课堂互动 | 10 |
| | 课后作业 | 10 |
| | 报告评阅 | 40 |
| | 现场答辩 | 20 |

## 2. 学生评价及学生学习的相关成果

通过思政课程融入，提升学生思想道德素质，提高学习"精气神"。

（1）学生整体学习积极性高，思想态度端正，学习成绩总评分在80分以上。

（2）通过思政课程融入，培养学生主体，提高主动性与分享性。学生更愿意主动与老师交流，更愿意分享对课程的认识和看法。

（3）不仅把思政教育融入课堂，课下也要让学生树立正确的价值观。

（4）提高学生的创新能力，全面发展。使学生不仅能够在学习中不断提升创新能力，而且在其他学科、各项校内比赛中全面提升。

## 3. 教学成果

作为新入职的老师，学生和督导组综合年终评分在学院内前20%，课程平均分在89分以上。而且，当年和教研室老师合作申请获得了校级教改项目。

# 六、教师感悟

在大连大学经管学院领导有效推动与指导下，作为一名新老师实现了一开始担任教学工作就把思政融入教学的思维，打下了思政教育的扎实基础，并且达成了大纲的课程思政目标，得到了学生、学校综合认可。根据我们学院的要求和指导，我深入思考如何把思政融入教学知识点，如何在思政方面培养好学生，这是完成我们学院教师工作的基本素养与基本方针。

中国文化"厚德载物"良好品德是成人成才的基石。通过思政案例教育实践，充分认识到思政教育是培养学生掌握专业知识的基础，并且正确树立良好的政治思想，有助于学生开展学习以及各方面能力的提升。其他学科发展、大学生各项竞赛、考研与就业等全方面发展，是培养社会主义接班人的必修课。

目前各个专业课思政融合教学的经验不足，需要增强以下几点思路：（1）每一位教学老师都需要认真研究与思考，深入挖掘思政教育的元素，把每一门专业的思政元素做好体系的规划；（2）避免"两张皮"的问题，把每门专业课思政元素与专业知识紧密结合；（3）增加教师思政课程培训与交流，建立思政水平的考核机制与评价标准；（4）与当下时政呼应，真正把专业知识与正确的政治思想应用到社会主义事业建设中去，为人民作贡献。

## 参考文献

［1］李恺，万芳坤．增强针对性提升思政课亲和力［J］．中国高等教育，2020（6）：15－16.

［2］任继如．"市场营销学"课程思政 案例教学效果影响因素研究［J］．黑龙江教育（理论与实践），2024（3）.

［3］田清淞，喻妍，高庭勇．"互联网＋"背景下市场营销专业课程思政融合研究——以统计学为例［J］．现代商贸工业，2024（12）：71.

［4］郑文清，陈抗．数字经济时代"市场营销学"课程思政教学设计研究［J］．改革与开放，2023（18）．

［5］Bevan S J，Chan C W L，Tanner J A. Diverse assessment and active student engagement sustain deep learning：a comparative study of outcomes in two parallel introductory biochemistry course［J］．Biochemistry and molecular biology education，2014（6）：474－479.

# "质量管理"课程思政教学典型案例

朱敏捷　　杨文升

## 一、课程基本情况

"质量管理"课程为工商管理专业的选修课程，教学总学时为 32 学时。本课程通过对质量管理的基本概念、质量管理方法和工具、ISO9000 质量体系、各领域质量管理标准等的学习，帮助学生理解质量管理的发展动因和内涵，掌握质量策划、质量控制、质量改进相关方法和技术，提升学生的质量意识、培养学生的质量素养。本课程在高质量发展时代背景下，以质量问题为牵引，以统计推断方法为基础，以质量管理优化为目标，培养学生"质量为先"的意识，增强学生质量信心，帮助学生理解并认同"思"与"行"的辩证关系，加强学生关注热点问题并尝试应用所学知识加以解决的意识。

## 二、"课程思政"教学整体设计思路

### （一）重点分析：案例与课程内容的关联度

"质量管理"课程的内容是关于质量相关概念、质量观点以及产品质量的形成。选用的课程思政教学案例，都是涉及产品质量、名牌产品（质量过硬的产品）以及这些优秀的品牌成长、蜕变的过程，让学生知道什么样的产品才叫有"质量"，明白质量的真正内涵，并真正理解质量观点。

**（二）如何达成课程思政预期目标：采取适宜的教学方法和教学模式**

采用探索发现式教学模式，具体模式为：铺垫导入—探索知识—鼓励创新—回顾总结—课后拓展。

**（三）如何完成课程任务：合理的教学设计**

1. 做有情怀的专业课教学

在教授知识的同时，深入学生内心，帮助其塑造良好的人生观、价值观，描绘出对未来的美好愿景从而激发其向上的动力。使学生能够在专业课程的学习中感悟做事和做人的道理，心存正能量。对于专业课程的教学而言就要做得更加有情怀。

2. 结合"案例"完善教学方法

3. 运用"互联网＋"创新教学手段

在授课的过程中不但继续沿用传统的"板书＋PPT"的教学方式，使学生对知识有整体的了解，还充分利用网络资源，将思政元素进一步渗透其中，使学生在课余时间能够温故知新，汲取精神养料。

## 三、"课程思政"教学方法及手段

案例导入采用案例分析与启发式方法相结合的方式，通过设置疑问点，层层提问的方法，引出主要内容，并通过课堂讨论、参与式分析，加深学生对质量及其观点的认识，提高学生学习兴趣，引导学生思考。案例导入时间要适宜。在课程讲解到接近有关内容高潮时导入案例，会提高课程思政的教学效果。以讨论为主，讲述为辅，提高学生的主动参与度；结合知识，润物无声，引导学生自发得出结论；当堂研讨，明辨笃行，结合时政热点组织讨论，注重实践效果。

使用图片、动画、视频等多媒体教学手段，使学生得到直观乃至近乎切身的感受。例如，让同学们观看《大国质量》纪录片，以观看视频的形式加深印象。同时，针对"00后"学生的特点，让学生参与到课程中，让他们有话语权，通过分组讨论、上台展示等方法，充分调动学生的学习积极性。

讲授课程思政内容时，既要宣讲社会主义核心价值观等思政内容，还要注意与专业课程教学内容有机联系起来，使学生在受到专业教育的同时，思想上也得到升华。

# 四、"课程思政"教学实施的具体案例

## （一）案例的引出（5分钟）

1. 线上活动：感受质量意识和质量兴国理念

（1）任务发放：《大国质量》纪录片第一集——质量时代。

（2）主题讨论：日本、美国的质量发展历程有何特点？其中涉及哪些有名的质量管理学家？

2. 课堂活动

（1）提问：借用质量管理专家朱兰博士的名言，"20世纪是生产率的世纪，21世纪是质量的世纪，质量是和平占领市场最有效的武器"，引出质量的重要性，从而转入对质量观点的分析。

（2）提问："你知道我国历史上的工匠类型有哪些吗？""想想看，新时代，我们为什么更加需要工匠精神？"这些问题可以激发学生兴趣。

## （二）案例内容（40分钟）

### 1. 质量及其相关概念（10分钟）

（1）授课内容。

对于质量的认识也经历了一个发展阶段，质量由符合性质量、适应性质量发展到"一组固有特性满足要求的程度"，质量管理专家戴明博士、朱兰博士都对质量进行了定义。质量的含义也由"小质量"扩展到"大质量"，产品质量不再局限于产品的性能，同时还包含寿命、可信性、安全性、经济性、适应性和时间性。

（2）教学活动。

①案例分析：中国制造知名企业海尔集团、华为的崛起。

②主题讨论：从产品品质到人生品质。

③元素融入：坚持不懈、勇于创新、精益求精的科学精神。以质量大师的生平故事作为融入点，融入个人信仰及品德。戴明、朱兰是质量专家，最初并没有受到重视，但他们并没有气馁，坚持自己的研究，以坚持不懈的信念，最终成为质量大师；高质量的品牌需要更多的新时代工匠们来打造，引起同学强烈共鸣。对同学们而言，更需要去培养创造奇迹的能力，塑造自信。

### 2. 质量管理的发展现状（10分钟）

（1）授课内容。质量管理的四个发展阶段（20世纪20年代至今）：质量检验阶段、统计过程控制阶段、全面质量管理阶段以及标准化质量阶段，各阶段发展的特点、缺点。

（2）教学活动。

①播放视频：《大国质量》纪录片第一集——质量时代（有重点地播放，

因为课前线上已自学）。

②重点分析：日本如何由第二次世界大战时期的战败国发展到第三大经济体？德国大众汽车深陷排放作弊的质量丑闻，如何再次崛起？

③元素融入：质量强国与品质人生。产品质量的高低决定着一个民族的形象和声誉，国家的竞争也是质量的竞争，第二次世界大战后的日本大力推行质量管理，日本制造从低劣产品代名词迅速变为高质量、高品质的代名词，日本经济得到大力发展。日本制造业走过的路，如今的中国制造业正在经历。提升中国制造在世界范围内的形象，实现中华民族伟大复兴，需要全员参与，推行质量管理。人人都是建设者，实现中国制造到中国"质"造的转变。通过案例讲解，学习各国制造业质量蜕变的过程，引导学生用扎实的基础知识、严谨求实与一丝不苟的大国工匠精神以及管理的系统思维对待自己的学习以及未来的职业规划，让自己做一个有品质的人。

### 3. 质量观点（15 分钟）

（1）授课内容。

随着质量管理水平的不断发展，质量观点也在不断变化，请同学们思考以下五种观点是否正确。

观点 1：质量是昂贵的，生产高质量的产品需要花费高成本。

观点 2：质量管理是完全精确的管理。

观点 3：检验是保证质量的途径。

观点 4：缺陷一定是工人失误造成的。

观点 5：产品质量是生产制造出来的。

（2）教学活动。

①案例形式：图片 + 小视频 + 讲授。

视频名称：电影《首席执行官》（张瑞敏原型）。

时长：播放影片 5 分钟左右。

分析观点 1：质量是昂贵的，生产高质量的产品需要花费高成本。

这个观点是错误的，就是因为这个观念，许多企业为了扩大利润，提高市场占有率，竭尽全力去降低成本甚至牺牲质量。但实际上返工的低质量产品成本和保修费用是昂贵的，忠诚的客户等于高利润，而质量造就客户的忠诚度。

电影视频：《首席执行官》。

多年前首席执行官张瑞敏先生带头砸掉 76 台有缺陷的冰箱，当第一个锤声落下时，也就点燃了海尔的工匠精神，唤起了海尔人的质量意识。砸了冰箱之后，张瑞敏提出创名牌，而且表示要干就争第一，"有缺陷的产品就是废品"在海尔人心中从此根深蒂固，同时张瑞敏发明了 OEC 管理法，要求海尔人都要做到"日清日毕，日清日高"，脚踏实地、实实在在做好每一个细节。1988 年，海尔拿下全国质量金奖（冰箱史上第一枚金牌），奠定了海尔冰箱在中国电冰箱行业乃至世界的领军地位。

②元素融入：工匠精神与爱国主义。

2020 年 8 月，第十四届中国品牌节在武汉举办，海尔集团凭借物联网时代生态品牌的创新，与阿里、华为、腾讯一起斩获华谱奖中"叱咤全球的国家名片"的称号。开幕式上，张瑞敏发表了主题演讲。

在 2018 年"大国工匠年度人物"颁奖典礼，张瑞敏作为颁奖嘉宾为王进颁奖时说："无论是王进成功完成世界首次超高压带电作业，还是海尔正在探索的首个世界级物联网模式，其实都是在用我们的工作诠释着大国工匠的精神，就是挑战自我，挑战极限，振兴中华！"新时代，我国经济已由高速增长阶段转向高质量发展阶段，高质量的品牌需要更多的新时代工匠们来打造，其实，经营企业是这样，做人、做事又何尝不是如此呢，只有我们志存高远、脚踏实地，拥有工匠精神、爱国情怀，才能学有所成，学有所用，才能为国家的发展贡献我们的力量，才能让我们有限的生命焕发光彩，不断延伸生命的价值。

## （三）总结与课后拓展（5 分钟）

总结：通过对本课程的学习，学生对质量的相关概念、质量管理的发展以及质量观点有了基本的了解，应在保证教学内容的同时讲好思政教学内容，使学生在接受专业课程背景教育的同时，思想上也得到升华。《大国质量》纪录片能让学生感受到科技助力，质量兴国的理念，我们国家的名牌产品如华为、海尔是优秀企业的代表，只因为有这样敢于创新、脚踏实地、敢于担当的企业，我们国家才能够由中国制造到中国创造快速发展。张瑞敏砸冰箱事件，唤醒了海尔人的质量意识，可以说，在海尔每个人都是用户的工匠；砸冰箱事件也体现了张瑞敏作为民族企业家应有的责任与担当以及爱国主义精神，更是值得我们当代大学生去学习的，在学习专业知识的同时，激发学生"严谨认真、精益求精、勇于创新"的工匠精神，同时树立强烈的爱国主义精神与质量强国意识。

课后拓展：

（1）什么是质量观念？请比较中国、美国和日本的质量观念。

（2）请调查和对比分析中国制造产品的质量形象。

（3）制约中国产品质量提高的主要因素有哪些？如何改善？

# 五、教学效果

结合相关案例、视频、图片等，通过启发式提问、主题讨论、案例分析等授课方式引出要讨论的问题，向同学们阐述质量强国、工匠精神以及勇于创新、爱国主义的思政目标。

## （一）引导学生树立质量意识和爱国主义精神

采用"主题讨论＋企业案例分析"的方式，阐述什么是质量及其相关概念，让学生理解什么样的产品是高质量的产品，并列举我们国家的名牌产品，如华为手机、海尔冰箱、格力空调等，介绍我们国家在产品质量方面的创新，引导学生对相关教学内容进行思考，增强民族自豪感，培养学生的创新意识、质量意识和爱国主义精神。

## （二）培养学生创新精神，质量强国理念，树立科技报国之志

采用"视频＋主题讨论"的方式，观看纪录片《大国质量》，让学生详细了解各国质量管理的发展过程，理解其发展特点，学习各国质量管理的经验。帮助学生树立"只有一个国家拥有质量过硬的产品才能走向世界"的意识，中国已经从中国制造蜕变为中国"质"造，像海尔、华为已经走向世界，树立了国家形象，通过案例使学生树立创新意识以及科技报国之志。

## （三）培养学生严谨求实，一丝不苟、勇于创新、精益求精的工匠精神

采用"视频＋主题讨论"的方式，通过观看视频《首席执行官》影片来分析目前存在的一些质量观点。通过案例来强调"质量意识、严谨求实、爱岗敬业"的重要性，宣讲大国工匠精神和爱岗敬业精神。

# 六、教师感悟

开展"课程思政"教学是高等学校发挥教书育人、提升学生思想品德的主要渠道，专业教师应该积极配合，真正做到"守好一段渠、种好责任田"，与思想政治理论课程能够同向同行，相辅相成。教师应当遵循思想政治工作规律，遵循教书育人规律，遵循学生成长规律，不断提高教学能力和水平。课程思政重在引领，但要触及灵魂，任重而道远。

专业课程由于其自身学科内涵的复杂性，有独特的学科属性和知识体系，需要教师在进行"课程思政"的时候有系统的方案设想和完整的教学体系，制定教学目标时在注重科学合理性的同时还要加入情感渗透。在教学目标的指引下运用适合的、多样化的教学方法充实课堂，采用新颖的、多元化的教

学手段丰富课堂，同时还要根据课程思政的要求修订教学大纲、选择适用的教材，开展适宜的课外拓展等。在实际授课中，受到缺少合适教材、教学条件有限、缺乏专业培训等条件限制，思政理论课的吸引力和感染力有待增强，教育教学方法有待改进。

## 参考文献

［1］雷蕾. "大思政课"建设的三维导向［J］. 学校党建与思想教育，2023（9）：34 – 37.

［2］李奔鸣，胥璟. 论高校思想政治理论课程的艺术性［J］. 教育教学论坛，2022（9）：169 – 172.

［3］拓雨欣，靳帅帅. 新时代思政课建设的基础与条件［J］. 社会科学前沿，2021（7）：1761 – 1766.

［4］王明贤. 现代质量管理［M］. 3 版. 北京：清华大学出版社，2021.

# "金融工程学"课程思政教学典型案例

邢　戬

## 一、课程基本情况

"金融工程学"课程是20世纪80年代以后在西方国家形成的一门新兴学科，主要论述金融衍生工具的交易原理、定价和风险规避技术，以及它们的研究、开发、设计与应用。本课程的目的和基本任务是通过授课，使学生掌握远期、期货、期权、互换等衍生金融产品的基本原理；掌握衍生金融产品定价的基本原理；掌握运用衍生金融产品进行套期保值的基本原理；掌握金融工程的基本理论和技术，初步学会运用工程技术的方法，如数学建模、数值计算、网络图解、仿真模拟等设计、开发和实施新型金融产品，创造性地解决金融问题；通过授课、作业、案例分析和基本培训，培养学生的金融工程思维。

## 二、"课程思政"教学整体设计思路

### （一）重点分析：案例与课程内容的关联度

"金融工程学"课程从本质上来说是运用工程技术的方法去解决金融领域的实际问题。要掌握金融产品的创造过程，就要学习金融工程的方法论，它既具有理论特性，又具有工具特性，是学习金融工程的基本内容之一。支持金融工程的方法主要有无套利分析法、风险中性定价法、状态复制定价法、积木分析法等。通过对本课程的学习，学生能够了解这几种方法的基本概念和定价思路，初步掌握它们的分析技术、运用技巧与相关技能。

## （二）如何达成课程思政预期目标：采取适宜的教学方法和教学模式

采用启发引导式教学模式，具体模式为：铺垫导入—学习知识—适当发散—结合实际—课后思考。

## （三）如何完成课程任务：合理的教学设计

### 1. 做有深度、懂事理的专业课教学

在教授知识的同时，讲授知识背后的故事使学生有自己的观点。尤其是文科生，培养其理性思维。凡事从正反两面辩证地来看，而不是养成非黑即白的思维方式。

### 2. 结合"案例"完善教学方法

### 3. 运用传统教学手段，不盲目创新

在授课的过程中注重以人为本，结合当代大学生的思维方式和思考方式来讲授课程。每一代有每一代的思维方式，教师要紧跟时代。不搞为了创新而创新，互联网资料该用就用，人工智能该用就用，但不以此为主，形式和内容要区分清楚。文科有文科的教学特点，高科技只是手段，而不是目的。

# 三、"课程思政"教学方法及手段

采用案例分析与启发式方法相结合的方式，通过生动的故事讲解，层层提问，引出主要知识点。同时，通过课堂讨论、积极发言，加深学生对真实世界的认知。提高学生的主动参与度，但不能放开让学生自己乱讨论，本科生思维活跃，但很多观点难免偏颇、片面甚至是极端。

所以老师必须客观、中立地讲解。然后学生提出观点，对学生的偏激观点，要追根溯源，积极引导，解决学生思想问题。

使用图片、动画、视频等多媒体教学手段，使学生得到直观乃至近乎切身的感受。例如，通过观看《一句话讲解经济管理知识》《经管传奇社》等原创高播放量网络优质视频和音频，使学生印象深刻。

针对学生的兴趣，让学生参与讨论，鼓励学生提出不同观点。

# 四、"课程思政"教学实施的具体案例

## （一）案例的引出（10 分钟）

1. 视频播放及案例回顾

观看巴西、阿根廷、日本、韩国在 20 世纪的经济发展史（CCTV-10、BBC 等的相关纪录片），了解四个典型国家经济发展大致脉络。

（1）任务发放：用经典经济学理论解释四国经济发展路径的差异。

（2）主题讨论：为什么日本和韩国等小体量国家，可以突破人均 1 万美元？而巴西和阿根廷等南美大体量国家却没有突破？这种现象对我国经济发展有什么启示？

2. 课堂活动

（1）提问：韩国和日本的经济发展是船小好掉头，还是得益于美国的扶持？

（2）提问：巴西、阿根廷乃至印度这样的大体量国家，有独立主权，为何被困在"中等收入陷阱"中？这些国家的经历对我国有什么样的启示？

## （二）案例内容（30 分钟）

### 1. "中等收入陷阱"——迈入小康社会的一道坎

一句话概括"中等收入陷阱"：一个国家发展太快就容易陷入欲速则不达的尴尬境地。"中等收入陷阱"是由世界银行提出来的概念，指的是中等收入的发展中国家很难成功升级成为高收入的发达国家。这些发展中国家在向高收入国家冲刺的时候，往往会因为过于追求经济增长数量而忽略了经济增长质量，导致全国上下各阶层形成普遍的暴发户心理，最后使国家陷入经济增长停滞甚至是倒退的局面。国家经济就像是掉入陷阱一样，进退两难无法自拔，此时如果再拼廉价劳动力，竞争不过更穷的国家，如果拼技术和生产力，又拼不过发达国家。中等收入国家在"鲤鱼跃龙门"之时，被挡在了"龙门"之外，回也回不去，前进又不能。这种高不成低不就的"中等收入陷阱"产生的原因，目前在学术圈已经基本达成了共识。

### 2. 教学活动：论证为何发展中国家容易陷入中等收入陷阱

通过文献调研，可将中等收入陷阱产生的原因归纳为以下五点。

第一，缺乏明确具体的发展规划。很多低收入和中等收入的发展中国家，没有基于本国国情制定科学合理的、类似于我国"五年规划"的中长期发展规划。因此，可以认为这些国家基本不知道自己该往哪个方向发展，也不清楚自己目前所处的发展阶段。没有目标且无法认清自我，结果就只能是盲目发展，单纯追求经济增长数量，不计后果地发展经济，走粗放型经济增长路线。盲目发展的结果，最后一定是在发展到某阶段时，陷入经济停滞。例如，矿产资源枯竭，人力成本过高，环境和生物多样性资源发生不可逆性破坏，两极分化、垄断、腐败等乱象出现，导致国家和地区经济陷入停滞。又如，20世纪90年代时，我国某贫困县盲目发展旅游业，在没有做充分市场调研的情况下，投巨资建人工景点，以各种无底线优惠条件招商引资。最后等一切都置办齐了，才发现根本没有人来旅游。此时，当地经济和财政已经积重难返，巨量的外债导致之后的每一届新领导班子都得为还债奔波而疏于政务，地方政府信誉也因此受损，最终成了贫困县。如果将这种情况放大到某一个发展中国家，最后的结局也是类似的。

第二，没有及时转变发展模式。发展模式和经济结构应该随着经济发展而抓紧升级和调整，比如我国，在清醒地认识到经济发展进入新常态后，就开始着力改变发展模式，从要素驱动型升级成创新驱动型，从粗放式升级成集约式。但是，有很多发展中国家，在经济发展和收入水平达到一定程度后，依然沿用劳动密集型和要素驱动型发展模式。但此时该国工人的平均工资已经提高到"不便宜"的水平，该国的低端制造业已经因此开始向外转移到工资水平更低的国家。如果该国仍不转变经济增长模式，依然靠劳动密集型产业主导经济发展，结果就是失业率上升，经济停滞甚至下滑。

第三，自主创新和科学技术与经济发展不同步。同第二个原因，当人力成本升高的时候，就需要转向，靠科学技术和创新来突破发展瓶颈，让经济升级和进一步发展。例如，我国倡导的全民创新和制造业2025，就是要通过创新和技术突破当前的发展天花板，进入更高层次的发展阶段。

第四，前期粗放式发展时期造成了巨大的贫富差距和社会分配不公平，会导致社会内形成尖锐的阶级矛盾。当财富只集中到少数人手中时，就意味着社会大众手中没有财富，基尼系数偏大。而在一个社会中，真正创造消费和需求的是社会大众，而不是少数有钱人。因为有钱人即使再有钱，也只是少数群体。一个人再穷奢极欲，也无法达到广大人民群众的多消费层次和消费总量。所以，人民如果不掌握财富，就会导致国家的消费和需求低迷，而根据凯恩斯定律，在当今发展阶段，一个国家的经济发展是靠需求拉动的，需求萎靡的结果一定是经济停滞和下滑。所以粗放式发展时期造成的积重难返局面，导致国家无法藏富于民，就会导致"中等收入陷阱"的产生。

第五，体制和政策原因。凯恩斯主义经济学认为，政府要充当看得见的手来帮助市场以及调节市场失灵问题。那么如果政府办事不力，出台的措施不利于经济发展，就会导致国家经济陷入停滞。例如，在某拉美国家，为拉动地方 GDP，地方政府采取了各种短期行为，完全不考虑可持续发展问题，虽然短期内经济增长效果显著，百姓收入提高。但是，当发展到一定阶段时，发现土地已经卖光，资源枯竭，人才外流，经济开始下滑。

### 3. 主题讨论：改革的重要性

通过归纳和总结"中等收入陷阱"产生的原因，可以发现"中等收入陷阱"的本质问题其实是旧发展模式的瓶颈问题。如果盲目发展，按照原有模式发展到了瓶颈期还不转变发展模式的话，就会落入"中等收入陷阱"。一味追求量而不求质，步子迈得太大、太急就会欲速不达。而如果能审时度势，及时转变发展模式，调整发展思路，就可能升级进入经济发展新次元，继续迈出下一步，走入高收入发达国家行列。

国家发展和个人发展是同样的道理，当发现自己的事业达到天花板时，比较合理的做法就是跳出圈来重新审视自己，改变自己，升级自己，或者去静下心来学习进修，或者调整发展思路，这样才能突破"天花板"。否则，就会陷入青年、中年、老年危机，碌碌无为过此一生。

### 4. 元素融入：我国如何突破"中等收入陷阱"

我国正处在容易陷入"中等收入陷阱"的高危阶段，机遇和挑战同时存在。通过整理相关学术研究，本部分归纳出我国要突破"中等收入陷阱"，需要克服以下困难。

第一，人口基数太大。我国有 14 亿多人口，不论哪种经济总量，只要用 14 亿作分母，得出的人均经济数据就会变得很低。

第二，地区间发展不平衡。我国东、中、西部地区经济发展依然存在较大差距，而且依然存在城乡二元经济结构。

第三，进入新常态后，我国可能会面临一波由经济增速放缓和技术发展带来的结构性失业问题。尤其是人工智能技术的发展，会导致大量的初级劳动被人工智能取代，使大量只掌握简单劳动技能的劳动人口失业。

### （三）总结与课后拓展（5 分钟）

总结：通过本节的学习，学生对当今世界各典型国的经济发展路径有一个大概认识，对第二次世界大战后发展起来的新兴"发达国家"的发展路径有大概认识，可了解我国与这些国家的异同，我国作为工业全产业链国家，有发展内循环的客观条件，也能了解如何助力我国突破"中等收入陷阱"。

## 五、教学效果

结合相关案例、视频、图片等，通过启发式提问、主题讨论、案例分析等授课方式引出要讨论的问题，向同学们讲解国际政治、经济、金融的复杂性和系统性，并强调主权独立和国家实力的重要性。同时，要让同学们知道我们未来的任务异常艰巨，要敢于拼搏、勇于创新。培养学生系统化分析问题及解决问题的能力，使其明辨是非，努力掌握新兴金融、科学技术，让新技术、新思维不断为我国内循环市场赋能。

## 六、教师感悟

教书和育人相结合，需要教师多学习，尽量多地掌握所属专业领域内的各方面知识。教学案例要常更新，紧密联系实际，于小故事中发现大道理，在专业课教学中也可以使学生树立正确的人生观和价值观以及形成符合主流价值观的思维方式。

## 参考文献

[1] 蔡昉. 理解中国经济发展的过去、现在和将来——基于一个贯通的增长理论框架 [J]. 经济研究, 2013 (11): 4 – 16 + 55.

[2] 蔡昉. "中等收入陷阱"的理论、经验与针对性 [J]. 经济学动态, 2011 (12): 4 – 9.

[3] 蔡昉. 中国经济如何跨越"低中等收入陷阱"? [J]. 中国社会科学院研究生院学报, 2008 (1): 13 – 18.

[4] 张德荣. "中等收入陷阱"发生机理与中国经济增长的阶段性动力 [J]. 经济研究, 2013 (9): 17 – 29.

[5] 郑秉文. "中等收入陷阱"与中国发展道路——基于国际经验教训的视角 [J]. 中国人口科学, 2011 (1): 2 – 15 + 111.

# "市场调查与预测"课程思政教学典型案例

王　爽

## 一、课程基本情况

"市场调查与预测"课程是一门市场营销专业基础课程，教学总学时为64学时。本课程运用市场调查与预测相关的基本理论和基本知识，包括市场调查的基本原理和步骤、市场调查方式方法、抽样设计技术、问卷设计，以及市场预测的基本原理，定性预测方法、回归预测方法、时间序列预测方法，使学生能够明确市场调查与市场预测的联系与区别，能够针对实际项目，运用市场调查知识体系，具有独立完成市场调查的实践能力，能够掌握 SPSS 统计软件的基本操作，能够对调查获取的数据进行简单的加工和处理，并且运用统计分析方法得到分析结果，撰写市场调查报告。本课程旨在培养学生应用计算机工具和数理方法发现问题、分析问题和解决问题的能力，形成良好的数理逻辑思维，以适应信息时代我国企业经济活动的开展对于市场信息收集和分析的需要，进而为市场营销决策提供服务。

## 二、"课程思政"教学整体设计思路

"市场调查与预测"课程是市场营销专业的核心课程，也是一门理论知识与实践技能紧密结合的专业课程；主要培养学生的调查技能与思维，具备独立组织和开展市场调查活动的实践能力，为从事市场运营与消费者研究奠定扎实的专业基础；从本课程目标、课程模块内容、课堂教学与课后实践等方面融入思政元素，实现思政、知识、能力和素质目标融会贯通；对培养学生职业素养与价值观尤为重要，是数字时代培养有责任心、有创新意识的营销人才的重要载体。

充分挖掘和完善课程中的思政内涵，从科学思维方法、调查伦理素养、大国哲匠精神、中华文化影响力等方面提炼本课程思政元素。从课程内容看，本课程具有大量适合课程思政的素材：一是从知识与案例讲解中厚植家国情怀，弘扬社会主义核心价值观；二是从数据分析等环节可以树立市场调查每个环节都要秉持精准的原则，构建分析问题的精益求精意识，培养专业分析技能，发扬哲匠精神。从调查项目实践看，一是树立尊重隐私、注重保密、保持公正立场、吃苦耐劳、坚韧不拔等职业素养；二是加强团队协作能力，培养良好的沟通、团结、奉献精神。通过"课赛联动"思政设计，实现润物无声，自然融入思政育人目标。

# 三、"课程思政"教学方法及手段

## （一）厚植家国情怀，弘扬社会主义核心价值观

高校人才培养的终极目标是立德树人，通过培养学生的品德和个性，使其成为德才兼备、有道德情操的人。实现立德树人的课堂教学需要教师在教学过程中融入德育教育，并通过言传身教、榜样示范，培养学生的正确价值观和道德观，同时注重发展学生的学科知识和实践能力。基于此，真正实现立德树人，要将社会主义核心价值观融入"市场调查与预测"教学的每一个环节，使学生思想境界得到全方位提升。例如，在市场调查组织方式部分，借助人口普查数据及事件让学生了解我国的人口、医疗等民生政策，深刻领会我国"以人民为中心"的政府执政理念，培育人民情怀。在抽样技术部

分，可在案例研究中引入诵读红色经典，展现出青年对祖国母亲的满腔热爱，促进青年拼搏奋斗、锐意进取的革命意志。通过案例式、探究式、体验式教学，借助互联网、视频、情景模拟等教学手段进行思想引领和价值塑造，最终让课堂"活"起来，在不断启发中使学生产生情感共鸣，实现隐性教学、润物无声。

### （二）建构精益求精意识，发扬哲匠精神

通过调查设计精良、数据采集细致、质量控制严格、数据分析深入的调查工作培养大学生追求卓越、精益求精的工匠精神，鼓励他们不断提高自己的技能和品质，致力于创造出卓越成就，推动市场营销学科和行业的发展。例如，在调查方法与问卷设计部分，用好"蹲点调研""解剖麻雀"等方法，明确调查研究力求解决问题、追求长效的宗旨。在市场调查数据处理中强调调查数据求真务实、科学准确原则，在数据分析过程中深入挖掘数据背后的信息，做到细致入微。

### （三）树立尊重消费者、保持公平公正、吃苦耐劳、坚韧不拔等市场营销职业素养

通过教育、实践和引导，可以帮助"00后"大学生勇于面对压力和挑战、坚持不懈，从而增强他们的自信心和成长能力、职业竞争力，以适应社会变革与激烈竞争。例如，在调查数据搜集与处理过程中，培养学生遵纪守法，保护受访者隐私，尊重消费者意愿，正当获取与合理使用数据资源的职业意识。本课程基于全国大学生市场调查与分析大赛展开实际项目调查，学生需要设计调查问卷、收集数据、自学统计建模与分析、形成3万字左右的调查报告以及作PPT汇报等，每个阶段都要接受来自老师或其他同学的批评，反复修改论证，从身心双重磨砺学生意志，塑造坚毅品格。

## （四）加强团队协作能力，培养良好的沟通、团结、奉献精神

通过团队合作，可以培养大学生的领导力、沟通能力、决策能力、解决问题能力等综合素养，特别是增强社交能力和培养责任感等方面都有积极的影响。本课程的调查项目实践以 3～5 人为团队展开，贯穿调查全过程，学生分别扮演项目经理、访问员、督导员、数据分析人员、汇报与演讲人员等不同角色，充分挖掘每个学生特长、合理分工、协调配合，在不能绝对公平的情况下倡导团队利益优先，个人利益次之，鼓励学生发扬勇于担当、甘于奉献的团结精神，这是"00 后"学生普遍欠缺的某种情怀。

课程思政教学内容体系如表 1 所示。

**表 1　　　　　　　　"市场调查与预测"课程思政教学内容体系**

| 教学模块 | 主要内容与要求 | 思政教育目标 |
|---|---|---|
| 导论 | 理解市场的含义、功能和类型；理解市场和企业的关系；理解市场调查和市场预测的关系 | 查阅资料总结我国社会主义市场经济的发展历程，正确认识"政府主导"保证了改革的社会主义方向，保证了我国市场化改革的有序进行 |
| 市场调查基本原理 | 了解市场调查的历史与现状；掌握市场调查的概念、作用与分类；明确经济领域操作市场调查的原则；熟练掌握市场调查的步骤与实际问题的有效结合；了解当前国内外市场调查机构的状况，培养学生从事市场调查的热情 | 通过市场调查过程的讲授，树立市场调查每个环节要秉持正确的调研道德，尊重隐私、注重保密、保持公正立场等 |
| 市场调查组织方式 | 理解普查、重点调查、典型调查、抽样调查的概念与特点；掌握各种方法的适用条件、基本原理、调查步骤等 | 介绍我国人口普查，借助数据及事件让学生深刻领会我国"以人民为中心"的政府执政理念，并掌握我国当前的人口政策 |

续表

| 教学模块 | 主要内容与要求 | 思政教育目标 |
|---|---|---|
| 抽样技术 | 了解抽样调查的含义、特点及其构成的基本要素；掌握抽样调查的程序；掌握随机抽样方法的含义和类型；掌握非随机抽样方法的含义和类型；了解其他抽样方法的含义和类型 | 通过学生实际调研项目，正确认识中华文化；通过项目实践培养团队合作精神，用社会主义核心价值观凝心聚力 |
| 市场调查问卷设计 | 了解问卷设计的基本理论与基本方法；理解问卷设计的原则、流程；掌握问卷设计的技巧；掌握问题和答案的安排技巧；培养学生面对实际课题设计问卷能力 | 将党建网梳理的习近平总书记关于青年工作的重要讲话与知识内容结合，同时在案例中引入青春奋斗等元素，引导学生树立正确的人生观、价值观 |
| 市场调查方法 | 了解文案调研法的定义与特点、优缺点及应用范围；掌握问卷调查法、面访调查法、小组座谈法、电话调查法、观察法和网络调查法的特点与应用范围；培养学生根据实际情形选择并运用合适市场调查方法的能力 | 通过调查实施过程，培养深入基层一线、培养吃苦耐劳精神、勤于实践品格；并且培养实事求是、不捏造数据、追求真理的科学精神 |
| 市场调查数据的处理与分析技术 | 了解市场调查资料整理的意义、步骤；掌握调查问卷审查的内容、主要方法和基本步骤；了解编码的基本原则；明确数据清洁的必要性；掌握数据预处理的几种方法；培养学生借助相关统计软件进行数据分析的能力 | 培养实事求是的工作作风；培养遵纪守法的法纪意识，正当获取与合理使用数据资源；保守商业秘密，不向外泄露调研数据信息，保障企业和被调研者权益 |
| 定性市场预测法 | 掌握最常用的直观判断预测法，包括个人判断法、集体判断法、专家会议法、先行指标预测法、联测法、转导法和类推法等的含义与特点；熟练掌握德尔菲法（专家调查法）的由来、特点及其预测步骤 | 通过案例分析，增强学生爱国意识、民族自豪感，牢固"四个自信" |

| 教学模块 | 主要内容与要求 | 思政教育目标 |
|---|---|---|
| 时间序列市场预测法 | 掌握最常用的直观判断预测法，包括个人判断法、集体判断法、专家会议法、先行指标预测法、联测法，转导法和类推法等的含义与特点；熟练掌握德尔菲法（专家调查法）的由来、特点及其预测步骤 | 由案例分析培养学生严谨规范的工作态度，培养数据分析中的辩证思维观 |

# 四、"课程思政"教学实施的具体案例

结合"课程思政"理念，充分挖掘、提炼出"市场调查与预测"课程中的思政元素，有机融入课程教学中，发挥了该课程的隐性思政教育功能，达到润物无声的育人效果。以市场调查基本原理中的调研主题为案例阐述本课程思政教学整体设计思路，以及如何在教学中予以具体落实和开展。

## （一）做好课前 5 分钟思政教育

有针对性地设计与育人目标一致的拓展内容，关注经济社会的发展，安排在课前 5 分钟进行。内容主题围绕当前经济社会发展重点，如居民生活的变化、大数据对组织和个人的影响、信息技术对生活的影响、居民收入和消费情况的变化、财经新闻数据通报等。学生可采用多种调查方式收集资料，用数据去描述和分析调查对象，制作成 PPT、微视频等进行课堂展示。这些调查工作，既训练了学生的市场调查技能，也让学生了解当今经济社会的发展状况，感受中国改革开放的伟大成就，增强学生对社会主义制度的自豪感。

## （二）引导学生选择有时代特点的调研主题

在进行学生市场调查综合实践教学时，结合专业特点、地区经济社会发展情况和社会热点选取调研主题，并鼓励学生成立调研小组联合开展专题形式的调研项目。例如，以某地海洋经济与文化发展给学生学习、毕业生就业、旅游、餐饮、居民消费等带来的影响为主题，或者以某地区（建议学生以家乡为调查地区）改革开放以来乡村振兴情况为主题，以居民养老相关为主题等，各学生调研小组选定一个调研项目，开展深入调查，完成全部调查工作流程，在期末课程上展示和交流调查报告。这个实践教学项目，要求学生真题真做，按照市场调查工作流程，沉浸在真实环境中，完成实践任务。既提高了学生的实践技能，也潜移默化地完成思政教育目标，达到"润物无声"的效果。

# 五、教学效果

学科竞赛是高等教育中践行知识的重要方式，也是新时代背景下课程思政的"主战场"。将思政教育与专业竞赛有机融合，是新时代对于高等人才教育的必然要求。专业竞赛作为"以赛促教"的主战场，在思政教育之上大有可为，竞赛与思政教育相互交叉渗透，相互融合补充，既可以为专业竞赛增加色彩，也可以大幅地扩张思政教育的渗透面，在多种教学情境之中增加思政教育的渗透性。在专业竞赛之中，每个成员有着共同的目标，为了这个目标而不懈地奋斗，矢志不渝，是对新时代背景之下立德树人教育成果的重要体现，是以赛促教模式之下思政元素融入的重要体现，以赛促教并不是仅仅促进知识的学习，更要促进思政的教育，更要促进学生本身的成长。通过竞赛与思政教育相互交叉渗透，相互融合补充，可以更好地培养学生独立思考、发现真理的精神，让学生进行自主研究，相互之间抒发自己的想法与见解，从而达到更好的思政教育效果。

# 六、教师感悟

市场营销专业课程思政建设是培养德智体美劳全面发展的高素质营销人才的现实需要，可以促进学生综合素养的提升，培养正确的价值观和社会责任感，推动市场营销行业健康、可持续发展，赋能新商科新营销，促进新文科建设。高校还应在领导机制、队伍建设、项目经费和评价机制方面采取有效激励措施，激发教师对课程思政建设的热情，积极主动地投入课程思政教育教学改革中，改变目前把思政元素简单地、打补丁式地、表面化地附着于传统知识体系，真正实现课程思政与专业课程的深度融合和赋能改造。

## 参考文献

［1］高佳星，武少玲，肖俊涛．产教融合背景下经管类课程教学改革路径研究——以市场调查与预测课程为例［J］．科教导刊，2024（8）：118 – 120.

［2］胡银花，徐秋萍．"学、训、赛"三维融合的教学改革探索——以"市场调查与预测"课程为例［J］．西部素质教育，2023（24）：10 – 13.

［3］李梅，姚晨静．市场调查与预测课程思政示范课建设措施探究［J］．人生与伴侣，2024（11）：78 – 80.

［4］彭明唱．课程思政视角下《网络营销》课程教学设计与探索——以网络产品与服务为例［J］．物流科技，2024（9）：173 – 176.

［5］在推进新时代思政课建设中展现新气象新作为［N］．吉林日报，2024 – 05 – 16（001）.

# "证券投资学"课程思政教学典型案例

庞咏刚

## 一、课程基本情况

"证券投资学"课程作为工商管理专业的专业方向课，立足于学生在掌握本专业知识的基础上拓展知识范围，为将来走向社会身有多技之长。在课程设计上，在系统讲授基本理论知识的同时，更多考虑的是如何消化这些理论概念和技术性知识。为此，利用便利的教学软硬件，在完成必要的 32 学时教学任务的同时，调动学生的学习积极性，要求学生下载股票行情交易软件，利用实际交易数据，进行模拟交易，以问题为导向，形成自我学习自我消化的习惯，很好地消化所学知识。

## 二、"课程思政"教学整体设计思路

在"证券投资学"课程的教学过程中，体现课程思政的基本思路是把课程与中国传统文化以及马克思主义哲学结合起来，让学生运用中国传统文化的基本理念和马克思主义哲学思想，从宏观和微观两个视角消化和理解证券投资学的核心理论和基本概念。证券投资学是一门实践性非常强的课程，不仅仅是基本概念和理论的集成，更是操作性检验的实践教学。因此，马克思主义哲学的辩证唯物论和历史唯物论，在模拟操作中更应该有所运用，是物质与精神的集中统一，是生产力和生产关系的具体体现。而中国传统文化中，特别是儒家文化集大成的四书五经更是不可或缺的操作指南，而博学、审问、慎思、明辨、笃行以及勿意、勿必、勿固、勿我的行为准则，可以成为股票投资操作的基本指导。

## 三、"课程思政"教学方法及手段

理论联系实际是进行课程思政的基本指导，没有革命的理论就没有革命的实践，在进行证券投资学的课程思政时也同样适用。基本思路是，在获取学生的选课名单和联系方式后，着手申请股票投资的模拟账户，并通知学生，在课程还没有开始时就让学生进行模拟操作，这样的目的就是突出问题导向的价值，在学生进行操作时，一定会遇到很多不懂的问题，一些同学就会被调动起学习的兴趣或挑战，或者带着问题来学习或者自己去解决问题，从而提高自己的实践能力。兴趣是第一任老师，一旦学生的学习兴趣被调动起来，后面的教学就会一气呵成。

以当下的教学环境和教学条件而言，师生基本处在同一界面，只要学生找到路径入了门，他们就可以自己进行相关学习，并且效果很好，这也可以说是课程思政的具体体现。给学生更多的实践机会，遵循一定的理论指导和理念延展，取得的成绩会超出想象。

在每次教学中，首先，让学生把每周操作的情况加以介绍，并谈出心得，针对提出的问题进行解答。其次，对当前的市场情况进行分析，给出操作建议。最后，在讲授新课时注意学生的反馈。这样每次课都是在学生的问题中，有针对性地展开。

## 四、"课程思政"教学实施的具体案例

证券投资学课程本身的特殊性，在掌握基本理论的基础上，强调学生的动手能力和操作技巧尤其显得重要。

运用中国传统文化的基本理念，在股票投资操作中应有所体现。

《中庸》中指出的博学、审问、慎思、明辨、笃行，在证券投资学中也可以应用。博学就是不要局限于书本知识和课堂讲授，要涉猎方方面面的知识应用于股票投资操作。审问就是在股票投资中会遇到很多问题甚至失误，要多问一些为什么如何解决。慎思更是要冷静思考，沉着应对，不能急于求成。明辨在股票投资中更是有的放矢、如鱼得水，要时时处于明辨状态，否则很容易掉入庄家的陷阱。笃行就是要把所学所想所思具体体现在行动中，一定要形成操作准则，不盲目行动，更不能为所欲为。这里就会想到孔子老先生的勿意、勿必、勿固、勿我，这应该是股票投资操作的精髓所在。

我们国家的股票市场起步比较晚，还有很多不成熟的方面，因此有必要借鉴成熟国家的成功经验和操作理念，在具体操作中有所感有所悟。

理论是空洞的，实践之树长青，理论一定要与具体实践相结合并不断修正理论。

学生们在一次次的具体操作中形成了自己的操作理念，并突破了理论的束缚。有的同学不仅在股票中斩获颇丰，在期货中也收获满满，对未来的职业规划更是信心爆棚。

2022～2023年第二学期，学习"证券投资学"课程的学生是工管20级，这个年级的学生对一些专业知识基本了解，一些学习方法学习理念基本形成。针对他们这些特点，在收到他们名单和联系方式后，首先，给他们建立了微信群，在群里发布了和课程相关的要求以及必要的知识储备。其次，在上课前一周，我在股票交易软件上申请了股票投资模拟群，要求学生们注册申请模拟账号并进行操作。在这期间一些兴趣浓的同学就开始和我互动，我针对他们提出的问题一一解答。

兴趣是第一任老师，一旦学生的学习兴趣被调动起来，他们就会主动学习主动解决遇到的具体问题。在上第一次课的时候，一些同学就开始提出在模拟操作中遇到的问题。由于大部分同学以前没有操作过，在操作中遇到问题，甚至不会操作都是教师预料之中的。在谈到股票操作技巧时，引述了孔子提出的勿意、勿必、勿固、勿我以及《中庸》中提出的博学、审问、慎思、明辨、笃行。股票投资是一项综合知识应用的过程，更是心理博弈的过程，没有雄厚的知识储备和良好的心理状态，要想在股票投资中获利是不可想象的。在股票投资中，在短期有运气的成分，但从长期看实力还是决定性的。当教师把这些讲给学生时，有些同学表示认可，但大部分同学还是似懂非懂。但随着课程的逐步深入和同学们操作的熟练化和系统化，同学们的感觉也似乎找到了。从开始操作时的大部分同学亏损，到一些同学开始获利，并且获利的比例在逐步提升时，大家的学习兴趣就更加浓厚了。

为了提升学生们的实践能力，团中央和辽宁省教育厅分别主办了东方财富杯股票投资大赛和辽宁省智慧经济股票赛。笔者作为任课教师，利用这一有利条件，积极组织学生参加这两个比赛。相对于辽宁省教育厅的智慧经济大赛而言，东方财富杯的比赛比较复杂，它把比赛分成校赛、省赛和国赛三个阶段，比赛时间基本一个学期，经过三个阶段的层层突围，能进入国赛获奖应该说难度很大，但由于前期的积累，一些同学获得了国赛奖励。辽宁省智慧经济大赛股票赛相对简单些，基本利用暑假前后时间展开，由于时间宽裕，参赛的同学也比较多，获奖的同学也比较多。

总之，单纯的理论教学学生们兴趣普遍不浓，但能够实施课程思政，努力实现理论与实践相结合，教学效果还是比较显著的。

# 五、教学效果

"证券投资学"这门课通过课程思政的展开，教学效果明显改善，学生的学习心态也发生了微妙的变化。由于在教学中运用了教学与模拟比赛相结合，学生们的学习兴趣明显提高，不仅在课堂上，就是在课下，据说学生们也经常聚在一起讨论操作心得和操作方法。由于在教学中就进行了模拟比赛，学生们对股票投资操作有了自己的心得，并乐于去参加比赛，甚至期盼着比赛。最终在团中央主办的东方财富杯股票模拟投资比赛中，从校赛—省赛—国赛，一些同学过关斩将，通过层层晋升，最后获得各级奖项。历年参加的辽宁省智慧经济大赛更是获奖频频，无论股票还是期货，每年都有一些同学获奖。笔者作为指导教师也连续多年获得优秀指导教师的荣誉。

# 六、教师感悟

课程思政的提出从一定意义上来说，就是对传统的教书与育人理念的深化，也就是在育人层面加以强调。这也明确了在过去的教学中忽视了育人而过于强调知识的传授。因此，通过课程思政可以明确在教学中一定要突出育人环节，不仅要讲授知识，更要教会学生如何做人。而中国传统文化，特别是儒家文化就是教如何做人的，四书五经更是如何做人的行为准则。大学中的三纲八目——明德、亲民、至善和格物、致知、诚意、正心以及修身、齐家、治国、平天下，中庸中的——博学、审问、慎思、明辨、笃行，论语中的——勿意、勿必、勿固、勿我，等等，都可以在课堂上讲给学生，使学生不仅学到知识，更学会做人。

**参考文献**

［1］孔子家语［M］. 北京：中华书局，2011.

［2］四书章句集注［M］. 北京：中华书局，2011.

［3］孙子兵法［M］. 北京：中华书局，2011.

# "国企党建及财务管理"课程思政教学典型案例

王　鹏

## 一、课程基本情况

"国企党建与财务管理"课程是一门思想政治专业方向的课程，教学总学时为 48 学时。"国企党建及财务管理"课程的主要内容是通过分析国有企业党的建设的理论原则、框架和技术路线，通过梳理国有企业党的建设和财务管理两者之间的关联关系，指导学生更为深刻地理解国有企业党建的基本结构、核心内容和财务管理之间的逻辑关系，并通过系统地梳理财务管理的主要技术，对比国有企业党建和财务管理两者之间的关联关系，从宏观和客观的角度指导学生从财务管理的角度深入理解国有企业党建的主要思路。本课程旨在培养学生利用国有企业党建分析问题的思路来提高财务管理的理论与实践技能，并重点培育学生在国有企业党建理念和财务管理方面的认识水平。

## 二、"课程思政"教学整体设计思路

第一，简要介绍国有企业党建的具体内容和国有企业党建工作的总体思路。第二，向学生介绍国有企业党建和国有企业财务管理彼此之间的内在关系，从党建工作机制和国有企业财务管理的影响因素等多个视角出发，对党建和国有企业财务管理之间的关联融合机理进行深入的阐述。第三，列举中国电子科技集团和中国航天科技集团国有企业党建和国有企业财务管理深度融合的具体案例，向学生针对性地介绍党建在国有企业财务管理中的具体应用。

## 三、"课程思政"教学方法及手段

第一，案例教学手段。利用案例教学手段，选取中国电子科技集团和航天科技集团党建融入课程思政建设的具体实践案例，向学生讲清国有企业党建和国有企业财务管理彼此之间的内在关系。第二，利用交流研讨的方法组建兴趣学习小组，让学生通过组建研讨和组内讨论的多种途径来深入探讨国有企业党建和国有企业财务管理彼此之间融合的具体情况。通过交流研讨，让学生深刻理解国有企业党建和国有企业财务管理彼此之间的内在联系。第三，采用专题讲座的方式，向学生清晰地讲授国有企业党建的内在工作机理和《关于深化国有企业改革的指导意见》中对于国有企业党建和国有企业财务管理的具体要求，让学生明确国有企业党建对于国有企业财务管理的具体基础支持作用。

## 四、"课程思政"教学实施的具体案例

近年来，我国国有企业深度推进"党建+财务"融合发展模式，持续擦亮"四强铸魂、四柱兴财"党建品牌，创建政治功能强、支部班子强、党员队伍强、作用发挥强的"四强"党支部，打造对党忠诚、敢于担当、作风过硬的"红色管家"队伍，不断夯实"规范高效、创新发展、服务保障、监督管理"这四个推进财务管理转型升级、提质增效的重要支柱。为强化政治引领，夯实信仰之基，以电子科技集团、中国航天科技集团、中国广核集团有

限公司等央企财务处党支部牢牢把握支部建设的主动性，落实全面从严治党主体责任，规范党支部"三会一课"，丰富支部主题党日活动。"纵"向上，省市县三级税务部门财务管理条线党支部多次联合开展联学联创活动，将党建"长触角"延伸至系统"长战线"；在不断锤炼党性作风、强化使命担当中，财务管理和政府采购工作在制度的轨道内规范高效运转。坚持预算法定原则，完善预算决策机制和程序，强化执行分析和动态监控，预算编制、执行、监督全过程，推动预算管理、财务管理和项目管理有机融合；压实资产日常管理责任，制发加强办公用房、公有住房、公务用车管理相关文件，强化日常管理和处置审核；坚持依法采购，持续推进制度化、规范化和专业化建设，围绕重点项目，提前评审论证，细化采购需求，优化采购流程，压缩采购周期。

正是基于这一现实背景，以国有企业党建和国有企业财务管理的深度融合作为教学切入点，从国有企业党的建设的角度出发，深入引导学生理解国有企业党建对于国有企业财务管理的重要知识作用。核心的教学模块主要分为以下三个部分。

第一，国有企业党建和国有企业财务管理的政治作用。利用专题讲座和交流研讨等多元化方式，向学生讲解国有企业党建的重要实践意义，从国有企业党的建设的流程、国有企业党的建设的内容和国有企业党的建设的具体工作保障等不同的维度，深入引导学生明确国有企业党建的重要政治意义和社会意义，同时，对国有企业财务管理和民营企业财务管理之间的区别和联系进行深入的分析，引导学生从国有企业党建的角度出发，深入分析国有企业财务管理的具体技术路线和具体的操作要点。

第二，专题授课。从国有企业党建和国有企业财务管理案例教学的角度出发，选取中国航天科技集团、中国电子科技集团、北方工业集团等大型的央企作为案例探讨对象，从国有企业党建和国有企业财务管理深度融合发展的角度出发，分析国有企业党建技术、国有企业党建思想、国有企业党建流程和国有企业党建方法对于提高国有企业财务管理效能的重要支持作用。通过一个月的案例教学，让学生明确国有企业党建和国有企业财务管理的内在关联机理。

第三，深入介绍国有企业党建的科学方法和国有企业党建推动国有企业财务管理可持续发展的具体技术路线。选取中石油、中石化等大型央企开展国有企业党建和国有企业财务管理融合发展的具体案例，采用财务管理的经典分析模型，探讨国有企业党建和国有企业财务管理融合发展的技术路线，让学生明确国有企业党建和国有企业财务管理融合发展的具体趋势，提高学生对于国有企业党建的重要战略作用的认识程度。

## 五、教学效果

简要通过开展为期两个月的案例教学和专题讲座，主要取得了以下几方面的教学效果。第一，让学生深刻认识到国有企业党建和国有企业财务管理之间的内在关联关系，向学生深入讲解国有企业党建的主要思想、国有企业党建的主要方法和国有企业党建的主要技术路线，辅助学生明确国有企业党建对国有企业财务管理的重要支持作用，让学生在探讨国有企业党建和国有企业财务管理融合发展的具体案例的基础上，引导学生认识到国有企业党建的重要战略意义和政治意义。第二，让学生掌握国有企业财务管理的方式方法。目前国有企业财务管理的主要教材较少结合我国国有企业的实际情况来讲解国有企业财务管理和国有企业党建之间的具体关系，通过本课程的教学能够让学生更进一步地了解国企与外企和民营企业的不同、国有企业财务管理的独特情况以及国有企业财务管理和国有企业党建之间的关联关系。

## 六、教师感悟

开展经管学科的思政课教学，目前较为有效的途径主要包括两类：一类是结合国有企业开展思政建设的典型经验，将国有企业思政建设的具体经验和目前经典的经管学科进行交叉，让学生通过了解国有企业的具体做法，明确目前基于党建视角的国有企业经济管理的具体方式和方法。另一类是单纯地向学生讲授目前思想政治教育的前沿理论和实践做法。但相对于第二类做法，第一类做法的借鉴价值和接受程度往往较高。因此，高校应该立足于我国国情，从国有企业党建和国有企业思想政治教育的实际情况出发，将国有企业党建的具体做法与经济管理学科的经典理论进行交叉融合，让学生立足于现有的国情和企业实际情况，辩证地掌握和理解经管学科的经典理论和方式方法。

## 参考文献

［1］陈永涌，甄宸．"新文科"背景下课程思政的积极育人体系建构［J］．青海民族大学学报（社会科学版），2024（6）：1－9．

［2］丁文娟，刘丹丹，张理臻．智能媒体时代高职院校课程思政的路径创新研究［J］．传播与版权，2024（11）：82－86．

［3］江伟，硕良勋，王天意．新时代背景下对大学课程思政的再认识和再研究［J］．中国地质教育，2024（6）：1－5．

［4］蒋平，刘丹．高校统筹推进思政课程和课程思政建设的政策演进、价值遵循与实践路径［J］．河北科技大学学报（社会科学版），2024（6）：1－12．

［5］任良玉．基于课程思政目标的教学设计与实践——以"创新创业基础"课程为例［J］．河北科技大学学报（社会科学版），2024（2）：93－99．

# "网络营销"课程思政教学典型案例

王思荔

## 一、课程基本情况

"网络营销"是市场营销专业的专业主干课，教学总学时为 48 学时，其中，理论课 16 学时，实践课 32 学时。网络营销是营销战略的重要组成，主要运用互联网技术、利用数字化信息和网络媒体完成营销任务。本课程主要介绍了网络营销理论基础、网络营销环境分析、网络购买者行为分析、网络环境下的产品策略、网络环境下的价格策略、网络环境下的渠道策略、网络环境下的促销策略、基于数字平台的关系营销、网络营销文案的撰写等内容。本课程紧紧跟踪电子商务技术的新发展，吸收国内外网络营销的新知识，突出内容的先进性和实用性，使学生学习到网络营销的理论和方法，解决网络营销工作中的实际问题。

## 二、"课程思政"教学整体设计思路

为了能够更好地将思政思想融入课堂中，"网络营销"课程采取以章节为出发点、以整体应用为归宿的教学设计思路。每个章节内容是学生学习的基础，是整体教学的着力点，因此，在将思政元素与章节知识整合之后，通过逻辑化和结构化的方式将思政内容进行整合，实现知识的学以致用，融会贯通，完成思政思想的内化。具体而言，在各章节的知识传授过程中，通过案例讨论、主题辩证、任务驱动等方法让学生在学习的过程中将职业道德、顾客导向、文化自信、健康消费观、工匠精神、行业伦理等思政元素进行深化，让同学们深刻认识到思政内容的重要性。最后，通过项目教学的方法让同学们将所学知识和思政思想进行综合运用，解决实际问题。

## 三、"课程思政"教学方法及手段

为了能够更好地将思政元素融入课堂教学，"网络营销"课程运用如下的教学手段和方法。

### 1. 案例教学法

为了鼓励学生积极思考、参与讨论，在教学过程中会经常使用案例教学法。例如，在课堂中引入商业领域榜样人物的实践案例，让学生们在给定场景中给出解决办法，再向同学们介绍榜样人物的做法。让学生们感受榜样人物勇于跨越、求真务实、热爱祖国的赤子之心和工匠精神。

### 2. 主题辩论法

在课堂中，将学生分为两个部分，让学生们运用自己所学的知识和所思所想，对现实中的实际问题进行辨析。在辩论的过程中增加学生对问题的思考深度，提升学生的学习兴趣，促进学生主动参与。

### 3. 任务驱动法

在学习的过程中，让同学们围绕一个任务进行深度思考，对学习到的知识进行内化吸收和使用，通过探索式和协作式的过程完成既定任务。例如，在网络营销的产品策略中融入中国文化，增强文化自信。

### 4. 项目教学法

当学习内容接近结束时，为了能够让学生们综合运用所学知识解决实际问题，会运用项目教学法贯彻思政思想。例如，让同学们选择一家传统企业，运用所学的网络营销知识，为其设计网络营销方案。在项目教学中引导学生遵循行业伦理，遵循实践是检验真理的唯一标准，以消费者需求为出发点，同时，引导学生形成健康的消费观。

## 四、"课程思政"教学实施的具体案例

在"网络营销"课程实践教学中，要求学生以帮助帮扶地区发展为基础，引导学生关注"全面建成小康社会"思政元素。以消费帮扶为抓手，要求同学们选择帮扶地区的优质产品，对产品、价格、渠道和促销进行设计，运用电商直播的方法，完成推介视频制作。

教学过程被分为课前预习、课中分析和课后巩固三个阶段，如图1所示。

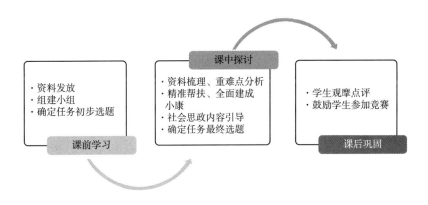

**图1　教学过程三阶段示意图**

（1）课前预习主要完成任务的导入工作。首先，教师在课前1~2周将关于全面建成小康社会的政策文件、目前通过消费带动帮扶地区发展的成功案例和成功举措等文本及视频资料发放给学生，并布置任务。其次，同学们通

过充分的课前预习，结合自身特长和喜好，选择任务主题（例如大连樱桃、丹东草莓、昌图辣椒等）。再次，根据自己的任务主题，主题相近的同学可以组成一个小组共同完成任务，每组 3~4 位同学。最后，小组继续收集相关资料，经过研讨，对选择的主题进行可行性分析，确定小组最终的任务主题。

（2）课中分析主要完成任务的分析和指引工作。首先，对发放的材料进行分析，帮助同学们掌握系统分析以及从局部到整体的系统思维方法，对重点难点进行梳理。其次，根据对材料的梳理结果，让同学们再次确认自己的任务主题，对不合适的地方进行修改。最后，根据对材料的梳理结果，各小组进行讨论，确定完成任务的步骤、方法和任务分工等。

在课中分析过程中，着重引导学生理解帮扶工作的重要性。作为沟通农产品生产方和消费者的桥梁，农产品生产方和消费者都是我们的顾客，在课堂讲解过程中让学生们树立以顾客为导向、以服务为核心、精准帮扶的意识，帮助学生们理解良好的营销道德、专业的职业素养和遵纪守法的操守对自身发展及社会大众的重要意义。

（3）课后巩固主要完成专业知识和思政思想的延伸和深化。首先，在同学们将视频制作成型之后，将视频放到视频平台、公众号等媒体中。其次，让同学们在课后通过观看视频，从从业人员视角，依据选品和展示情况对视频进行观摩和学习，找到视频的优点和需要改进之处，学他人之长，补自己之短，对视频进行评论和点赞，互相交流学习，最终完成对知识的进一步消化吸收和应用。最后，鼓励学生报名各类助农、直播大赛，将精准帮扶和全面建成小康社会的思政元素融入自己未来的工作。

在课堂教学中学生们积极参与，获得了很多收获和成果。例如，学生小组以昌图辣椒为帮扶对象，制作题目为《辣子情——乡村振兴的直播掘井人》的视频，在抖音平台发布。该视频关注昌图辣椒农产品，介绍了昌图的自然风光、昌图红辣椒的种植和加工过程，还展示了用辣椒制作的辣椒酱、火锅底料以及其他系列产品的包装和制作过程，受到网友的喜爱。小组成员还参加了 2022 年的辽宁省电商直播大赛，取得了一等奖（金奖）的好成绩。

课程以"消费帮扶"为抓手，让学生在实践过程中更好地体会精准帮扶和全面建成小康社会的重要性，使教书育人深入学生的行动层面，让学生感受到自己也拥有强大的力量，能够更好地服务社会。

# 五、教学效果

## 1. 思想引领

通过"网络营销"课程思政的教学，学生们对社会主义核心价值观、中华传统文化都有了更深层次的认识，学生们建立了更强烈的民族自信心和自豪感。学生在掌握专业知识的基础上，树立了正确的思想观念。

## 2. 价值塑造

通过"网络营销"课程思政的教学，学生们对优秀的工匠精神、专业的职业素养、良好的职业道德以及绿色的消费观和价值观有了更精准的掌握，为成为一名优秀的营销从业者打下良好的基础。

## 3. 增加学习兴趣

通过"网络营销"课程思政的教学，学生们意识到所学的知识和所做的工作能够对社会产生有益影响，意识到个人利益与社会利益的一致性，因此，提高了学习专业知识的积极性。

# 六、教师感悟

"网络营销"课程开展思政教学能够增强学生的思想道德观念，提高他们的社会责任感和使命感，可以激发学生的兴趣、改善课堂氛围、增强学生对知识的吸收和参与度。未来需要建立更科学的评价体系，客观准确地评价学生对专业知识的掌握程度，衡量思想教育的效果。

## 参考文献

［1］戴夫·查菲. 网络营销战略实施与实践［M］. 马连福，等译. 北京：机械工业出版社，2015.

［2］王永贵，项典典. 数字营销——新时代市场营销学［M］. 北京：高等教育出版社，2023.

# "整合营销传播"课程思政教学典型案例

杨跃琴

## 一、课程基本情况

"整合营销传播"是市场营销专业三年级的专业核心课程之一，教学学时为32学时。该课程在前期课程的基础上，通过学习怎样协调不同的传播工具如广告、公共关系、人员直销、销售促进等，采用合适的营销策略，用"一个声音说话"，以满足不断变化的消费者需求。广告是整合营销传播的主要方式和关键环节，是整合营销传播中的重要组成部分，在塑造企业形象，传递营销信息方面起着至关重要的作用。2016年，习近平总书记主持并召开党的新闻舆论工作座谈会并发表重要讲话，指出广告宣传也要讲导向。[①] 广告本身承载着广告主的目标和创作者的价值观，加上其强大的传播功能，可以塑造和影响受众的世界观、人生观和价值观。

在"整合营销传播"课程教学中，通过广告类学科的特色向学生渗透世界观、人生观和价值观，将爱国主义、中华优秀传统文化、社会责任感等思政要素巧妙地融入课程各章节的内容，从而提升学生的"文化自信"和道德修养，达到"润物无声"的效果。

---

① 广告宣传也要导向正确 [N]. 光明日报，2016 – 04 – 28 (2).

# 二、"课程思政"教学整体设计思路

2020 年 6 月,教育部印发的《高等学校课程思政建设指导纲要》指出,课程思政建设要在所有高校、所有学科专业全面推进,围绕全面提高人才培养能力这一核心点,围绕政治认同、家国情怀、文化素养、宪法法治意识、道德修养等重点优化课程思政内容供给,提升教师开展课程思政建设的意识和能力,系统进行中国特色社会主义和中国梦教育、社会主义核心价值观教育、法治教育、劳动教育、心理健康教育、中华优秀传统文化教育,坚定学生理想信念,切实提升立德树人的成效。《高等学校课程思政建设指导纲要》还指出,"专业课程是课程思政建设的基本载体,全面推进课程思政建设是落实立德树人根本任务的战略举措"。

在《高等学校课程思政建设指导纲要》的指导下,营销专业广告类课程"整合营销传播"应调整教学目标和教学内容,根据具体学科专业的特色和优势,以立德树人为总目标,深度挖掘提炼专业知识,从课程涉及的文化、历史、国家、行业、专业等角度,制定合理的知识目标和思政目标,提升学生对课程思政的接受度,打造出有温度的专业课,从而引导学生正确的价值观。

# 三、"课程思政"教学方法及手段

## (一)目标设计

在"课程思政"的大背景下,"整合营销传播"课程不仅应该传授专业实践性理论知识,也应该将思政相关的元素融入其中,从而为培养高素质的广告行业人才打下良好的基础。正是基于上述考虑,在课程大纲中设置了如下思政目标。

### 1. 思政目标一

高校学生正处于人生观价值观的形成时期，在广告类课程中如果只学习国外广告，容易让他们产生崇拜外来文化、轻视本土文化的态度，可能带来心理上的文化自卑。中华优秀传统文化博大精深，历史悠久，为广告设计提供了丰富创作素材。因此，在课程中教师要深入挖掘各种素材，巧妙地融入中华优秀传统文化元素，建立文化自信，帮助学生树立正确的理想信念。

### 2. 思政目标二

将专业知识传授与社会主义核心价值观引领相结合，在课程中引入优秀本土案例，使学生真正体会课程背后的核心价值观，培养学生的爱国主义情怀。

### 3. 思政目标三

培养学生形成正确的广告价值观，严谨求实、开拓创新的工作态度，正确的营销职业道德、工匠精神和职业素养，实现知识、能力与素质的协调发展，达成全方位课程育人目标。

## （二）教学内容设计

在教学内容设计上，"整合营销传播"课程遵循结合主题融入思政要素的方法，教学内容案例及思政融入见表1。

表1　　　　　　　　　教学内容安排及思政融入

| 教学模块 | 章节内容 | 思政要素 |
| --- | --- | --- |
| 整合营销传播背景篇 | 营销观念的历史演变<br>IMC 的出现<br>广告的历史渊源<br>"告"字源流考 | 职业道德<br>创新精神<br>文化自信<br>爱国主义 |

续表

| 教学模块 | 章节内容 | 思政要素 |
|---|---|---|
| 整合营销传播核心篇一 | 广告的传播理论<br>广告的创意要素<br>广告的诉求<br>广告的策划<br>广告的文案 | 社会主义核心价值观<br>传统文化<br>爱国主义<br>社会主义核心价值观<br>职业道德 |
| 整合营销传播核心篇二 | 销售促进<br>人员推广<br>危机公关 | 文化自信<br>爱国主义<br>职业道德 |
| 整合营销传播未来篇 | 大数据时代下的 IMC<br>整合的现实和未来 | 创新精神<br>职业道德 |
| 课程考核 | 短视频制作<br>广告策划书<br>文案的写作 | 职业道德<br>工匠精神<br>社会主义核心价值观 |

## 四、"课程思政"教学实施的具体案例

### (一) 追本溯源，挖掘优秀传统文化要素，建立文化自信

广告学中著名的广告理论，如独特销售主张、定位理论、品牌形象理论、整合营销传播等经典理论，是基于学界与业界为主导提出的理论架构。如何在课堂上将中国传统文化因素有效融入课程思政的内容，避免让学生产生"违和感"，是需要认真思考和挖掘的问题。

在讲授广告创意的元素时，我们选取方太公司的广告案例分析，通过一起欣赏方太引入"宋词"的三部曲广告，让学生们体会传统诗词在广告中的魅力，并引导学生学习将古代文学、诗词、文化等元素与国内品牌相结合以创作出属于我们民族的广告，一方面锻炼了学生的创作技能，另一方面也潜移默化地把民族优越感深深植入学生们的心中。

海天酱油是中国著名的调味品品牌，其在广告中巧妙地融入了中华优秀传统文化。例如，有个广告是以"家的味道"为主题，强调了孝敬老人的重要性。广告中，一个年轻人带着一瓶海天酱油回到家乡，为母亲做了一顿丰盛的晚餐。在烹饪过程中，年轻人加入海天酱油，营造出一种家的味道。母亲品尝后，脸上洋溢出幸福的笑容，年轻人也因此感到自豪和满足。这个广告案例通过展示年轻人孝敬老人的行为，传递了中华优秀传统文化中"孝"的价值观。同时，海天酱油作为中华老字号品牌，也展示了其对传统文化的传承和发展。

蚂蚁保险是阿里巴巴集团旗下的一个保险平台，其广告中常常展现互助友爱的主题，可以作为课堂的案例分享。例如，有个广告以"小区互助计划"为主题，展示了小区居民之间的互相帮助和团结友爱。广告中，一个小区的居民们互相帮助，在日常生活中彼此关心和照顾。他们组成了一个互助小组，每当有人遇到困难时，其他人都会伸出援手给予帮助。这个小区里有一位老人需要照顾，其他居民们自发地轮流照顾她，帮她买菜、打扫卫生等。这个广告案例通过展示小区居民之间的互助友爱，传递了团结互助、相互关爱的价值观。蚂蚁保险作为一家以"让每个家庭都有保障"为使命的公司，通过广告案例强调了社区互助的重要性，也展示了其积极的社会责任感。

广告除了以营利为目的的商业广告，还有为社会提供免费服务的公益广告。公益广告也要彰显主流价值观，如果在公益广告中加入中华优秀传统文化要素，能引发大众的情感共鸣，增强与大众的情感互动，可以进一步强化广告的效果。在传扬社会主义核心价值观的公益广告中，应用了剪纸、书法、国画、泥塑等艺术形式，把核心价值观以图文结合的方式告诉大众。这种传播方式一方面把文化和艺术融合在一起，同时也起到了良好的传播效果。在中央电视台制作的一则公益广告《让座》中，一位年轻女子在公交车上给一位老人让座，这个小小的善举触动了其他乘客，引发了连锁反应。最后，画面上出现了一行大字——一个微笑、一个让座、大爱的种子，众人拾柴。这个广告通过一个简单的让座行为，传递了团结互助、敬老爱幼的价值观。它以微小而普遍的日常场景，唤起了观众的共鸣和认同感，进而引导他们从自身做起，传承和弘扬中华优秀传统文化。

## （二）立足本土，剖析优秀国内品牌广告，培养爱国主义

教师需要深入挖掘国内优秀的广告案例，在传授专业知识的同时也培养学生们分析问题，关心周围人群，热爱祖国的情怀。

在讲述整合营销传播的案例分析中，可以选择具有民族担当和精神的中国品牌——鸿星尔克。2021年7月，鸿星尔克在河南遭遇特大暴雨灾害时，向灾区捐赠了物资和资金，以帮助受灾人民重建家园。鸿星尔克不仅在灾区捐赠物资和资金，还支持教育，以实际行动践行着企业的社会责任。鸿星尔克的举措彰显了爱国主义精神，赢得了广大消费者的赞誉和尊重。这个品牌以实际行动诠释了"民族品牌"，他们用自己的行动向世界证明了中国品牌的实力和影响力。

作为一家中国汽车制造商的比亚迪，始终将民族担当精神融入企业的发展。他们致力于打造具有自主知识产权和核心技术的电动汽车，推动中国汽车产业的升级和发展。比亚迪在研发方面投入了大量资金和资源，不断推出具有创新性和领先技术的电动汽车产品。他们注重提高产品质量和性能，努力满足消费者的需求和期望。除了在汽车制造领域的创新和发展，比亚迪还积极参与社会公益事业。他们关注环境保护和可持续发展，致力于推动绿色出行和公共交通的发展。

这类案例的分享让学生们看到了国货之光，也看到了国内优秀企业的责任担当，加深了学生的印象，提高了学生的社会责任感。

## （三）发扬创新，制作高质量短视频广告，传承工匠精神

"整合营销传播"课程中学生需要欣赏学习大量广告案例，其中不乏很多视频广告，这就决定了新媒体设备和信息技术在课堂中的大量应用。这有助于打破传统以教师讲授为主的课堂沉闷氛围，以翻转课堂的形式充分利用

网络优秀课程的资源，但同时也不能忽视一个现实问题，就是现有的短视频广告鱼龙混杂，水平参差不齐。一些短视频创作者为了博取流量，全然没有道德底线，带来严重的负面影响。作为营销专业的教师，一定要教导学生养成良好的营销职业道德，在自己的每一个作品中融入健康的价值观。

"学习加应用"是"整合营销传播"课程的一个主要教学方式，也是课程平时考核的一个主要方面。课程的一个考核任务是学生成立小组合作拍摄高质量微视频，从而强化学生的协作能力。在组织学生完成微视频项目之前，教师需要从课程思政的教学要求出发，做好微视频主题的选择，可以将社会主义核心价值观、爱国主义、传播中华优秀传统文化等内容作为微视频的主题，要求学生结合所学习的知识，依据主题来编写文案并制作时长在三分钟以上的微视频作品，进行课堂分享展示。此外，每年一届的全国大学生广告大赛，采取全国统一命题的公益广告和以企业背景资料命题的商业广告两种形式考核。应当鼓励学生积极参赛，在比赛中把理论和实践相结合，培养学生敬业的工匠精神，让学生牢记每个作品背后都要传播正能量，这也是每一个媒体工作者的责任和使命。

# 五、教师感悟

"整合营销传播"课程在大思政的背景下进行"课程思政"改革，既是响应国家和学校的政策，也是实现教师自我发展的新要求。这是一个长期的教育改革过程，需要在以后的教学中积极发掘"课程思政"改革的切入点、寻找创新性，从传统文化的追根溯源，从优秀国内案例的选取剖析，从新媒体信息技术的高效应用，循序渐进地发挥课程思政的育人功用，为更好地培养优秀的广告营销专业人才贡献自己的力量。

**参考文献**

[1] 敖芬芬，李敏."市场营销"课程思政的教学研究初探 [J]. 广东

轻工职业技术学院学报，2021（4）：5.

　　[2] 陈虹宇. 营销专业课程思政教改探索——以市场营销学课程为例 [J]. 现代商务工业，2024（4）：195 - 197.

　　[3] 陈丽娜. 传统文化元素在公益广告中的运用探讨 [J]. 今传媒，2023（11）：181 - 121.

　　[4] 邓亚男. 跨文化传播视角下的中华文明核心内涵研究 [J]. 今古文创，2024（4）：91 - 93.

　　[5] 广告宣传也要导向正确 [N]. 光明日报，2016 - 04 - 28（2）.

　　[6] 张蒙. 影视广告设计教学工作中的课程思政教育探讨 [J]. 才智，2022（12）：13 - 16.

　　[7] 郑青华. 新闻传播实践教学推进课程思政的价值内涵与实施路径 [J]. 传播与版权，2024（1）：1 - 3.